인생에 한번쯤
교양으로 읽는
장자

<<< 흔들리는 나를 일으켜 세우는 고전 속으로 >>>

인생에 한번쯤

교양으로 읽는

장자

장자 지음 + 장개충 옮김

레몬북스
lemon books

참다운 인간성 회복, 완전한 인생을 사는 일

장자는 성은 장(莊), 이름은 주(周), 자(字)는 자휴(子休)이다. 그는 송나라 몽(蒙) 사람으로 전국시대 제자백가 중 도가의 대표적인 사상가이다.

여러 문헌을 종합해 보면, 장자는 전국시대인 B.C.300년경부터 맹자보다 약간 뒤늦게 나타나 활약한 듯하다. 그는 고향인 몽에서 칠원을 관리하는 말단 벼슬아치로 근무하는 한편, 논리학파의 거물인 혜시와 친하게 지낸 박학다식한 학자요 논객이었다.

초나라 위왕이 그를 재상으로 맞아들이려고 했으나, 그는 자유를 속박당하기 싫어 이를 거절하고, 청빈한 생활을 하면서 유유자적한 생애를 보냈다.

일반적으로 노자(노담, 老聃)의 사상을 이어받아 도가사상을 대성한 인물이라고 해서 '노장(老莊)'이라고 함께 불리기도 하지만, 노자의 사적과 생몰연대가 불분명하고 사상에도 상당한 차이가 있다. 이 같은 입장에서 보면, 장자의 사상은 양주(楊朱, 楊子)의 자기중심주의나 전병의 만물평등 사상을 이어받아 대성한 '경험이나 실증에 의하지 아니하고 순수한 사유(思惟)만으로 인식에 도달하려는' 사변철학(思辨哲學)이어서 노자의 현실적 목적적인 성공주의와는 다르다고 할 수 있다.

장자 사상의 근간을 이루는 것은 노자와 마찬가지로 일체만물을 생성 소멸시키면서도 그 자체는 생멸을 초월한 초감각적 실재, 현실세계에 나타나는 모든 대립과 차별의 현상을 포용하여 저절로 이루어지는 질서를 성립시키고 있다.

그러므로 '도(道)'의 본질을 체득하고 실천함으로써 참다운 인간성을 회복하여 완전한 인생을 사는 일이다. 이러한 그의 사상의 근저를 이루고 있는 것은 제물사상(齊物思想)이다.

한 걸음 더 나아가 장자 사상의 학설을 이루는 것은 만물제동(萬物齊同)의 제물론 철학과 거기에 기초를 둔 은둔주의의 처세철학이며, 이 두 가지 철학을 체득하고 실천함으로써 인간 존재에 필연적으로 있게 되는 고뇌로부터의 개인적 해탈을 얻어 정신적 자유와 평안을 추구하는 것이 장자 사상의 목표이다. 장자의 인생관에서 사람의 죽음이란 삶과 같은 것이라고 생각한다.

그것은 모든 현상계의 가치관을 부정하다 보면 당연히 이르게 되는 결론이다. 또한 그는 절대적인 자유의 경지에 도달하기 위하여 '무아(無我)와 무위(無爲)'를 주장하고 있다. 완전한 '무아'나 '무위'의 경지에 이른다면 결국 삶이란 죽음과 같아지는 수밖에 없을 것이다. 삶이 자연인 것처럼 죽음도 자연이라고 생각한 것이다.

한 번은 그가 꿈에 나비가 되어 훨훨 날아다녔는데, 깨어나서 자기가 나비 꿈을 꾼 것인지, 나비가 사람으로서의 자기 꿈을 꾸고 있는 것인지 모르겠다고 말하고 있다. 이것만으로도 장자의 삶과 죽음에 대한 생각을 충분히 엿볼 수 있을 것이다. 모쪼록 이 책을 통하여 내일을 위한 삶이 더욱 윤택해지기를 기원한다.

옮긴이

차례

（一）

만물은
하나이다

넓고 큰 것을
포용해야 한다

비우고
또 비워야 한다

一

만물은 하나이다

붕새의 이치

봄날 연못에 피어오르는 아지랑이나 하늘에 하느작거리는 먼지는 모든 생물의 숨결에도 날린다. 저 하늘의 짙푸름은 본래 하늘의 빛깔일까? 아니 그것이 멀어서 끝이 없기 때문일까? 붕새가 하늘을 날 때 이 지상을 보면 역시 이렇게 푸르기만 할까?

무릇 물의 깊이가 얕으면 큰 배를 띄울 수 없다.

한 잔의 물을 작은 웅덩이에 부어 놓으면 곧 작은 풀잎은 그곳에 배가 되어 뜨지만, 거기에 하나의 잔을 띄우면 땅에 걸리고 만다. 물은 얕은데 배가 크기 때문이다.

그러므로 바람의 부피가 작으면 커다란 새의 날개를 받칠 수 없다. 비록 그 날개가 제아무리 구만 리 장천에 올라도 그 날개 밑으로 바람이 있어야 한다. 붕새는 푸른 하늘의 바람을 타고 등을 짐으로써 아무런 거리낌이 없이 남극을 찾아 훨훨 날 수 있게 되는 것이다.

매미와 작은 새가 붕새를 보고 웃으면서 말했다.

"우리는 때로 재빨리 날아 느릅나무나 박달나무가 있는 곳에 갈 수 있지만 반드시 바람이 있어야 하는 건 아니고, 때로는 높은 나무에 이르지 못한 채 땅에 떨어지는 수도 있지만, 반드시 바다를 건너 구만 리 장천에 이르렀다가 남극 바다에까지 갈 거야 없지 않은가?"

가까운 거리에 갈 사람은 아침밥을 먹고 저녁에 돌아온다 해도 배고픈 일은 없고, 백 리 밖 먼 길을 가려면 전날 밤에 양식을 준비해야 하고, 천릿길을 가려는 사람은 석 달 양식을 준비해야 하거늘, 그 매미나 작은 새가 어찌 붕새의 이치를 알겠는가?

어리석은 자는 슬기로운 자를 알지 못하고 하루살이 목숨은 오래 사는 자에 미치지 못하거늘 어떻게 그러한 도리를 알겠는가?

아침에 피었다 저녁에 지는 버섯은 한 달의 섭리를 알지 못하고, 아침에 태어나 저녁에 죽은 쓰르라미는 봄과 가을의 변화를 알지 못한다. 이것들은 짧은 동안 사는 것들이다.

작은 것과
큰 것의 분별

초나라 남쪽에 '명령'이라는 나무가 있는데, 백 년을 살아도 봄 한철, 가을 한철 지낸 것에 불과하다 했다. 그리고 태곳적에 '대춘'이라는 나무는 8천 년을 살아도 봄 한철, 가을 한철 지낸 것에 불과하다고 했다.

또한 팽조는 지금까지 가장 오래 산 사람으로 유명하다. 보통 사람들이 그에게 자기 목숨을 견주어 부러워한다니 어찌 슬프다 하지 않겠는가? 탕왕이 신하인 '극'과 말씀하는 가운데 이런 대목이 있다.

"북극의 불모지 땅인 궁발에 명해라는 바다가 있는데, 그 바다가 바로 천지였다. 거기에 한 마리 물고기가 있는데 그 넓이는 수천 리이고, 그 길이를 아는 사람이 없으며, 그 이름을 '곤'이라 하였다. 거기에 또 새가 있는데 그 이름을 붕(鵬)이라 하였다. 그 등짝이 태산 같고 날개는 하늘에 드리운 구름장 같았다. 휘몰아치는 폭풍과 빙빙 도는 회오리바람에 날개를 치고 구만 리 장천을 선회하니, 구름 기운도 끊긴 높은 곳에서 푸른 하늘을 등지고 남녘으로 향하여 남극 바다로 날아갔다.

연못가에 있던 작은 새가 이를 보고 비웃었다.

"저 붕새는 어디로 가는 것인가? 나는 날개를 활짝 펴 몇 길도 못 올라 내려오며, 쑥대밭 사이를 오락가락 퍼덕이는데, 이것도 역시 날아다니는 이치이거늘 저 붕새는 어디로 가려는 것인가?"

이것이 작은 것과 큰 것의 분별인 것이다.

세상은 스스로
다스려지지 않는다

견오가 연숙에게 물었다.

"저는 일찍이 접여의 이야기를 들은 바 있습니다만 너무 커서 당치도 않았으며 너무 허황하여 걷잡을 수 없었습니다. 그것은 마치 저 하늘에 있는 은하수의 끝을 찾을 수 없는 것과 같이 상식에 어긋나는 것이었습니다."

"대체 무슨 이야기였소?"

연숙이 물었다.

"그 이야기는 대략 이러합니다. 먼 곳의 막고야산에 신인(神人)이 살고 있었답니다. 살결은 얼음과 눈처럼 희고, 보드랍기가 숫처녀와 같았는데 곡식을 먹지 않고, 바람과 이슬을 마셨으며 구름을 타고 용을 부려 이 세상 밖에 노닐었다 합니다. 그의 신령한 기운이 응집하면 만물이 병들지 않고 오곡이 무르익더랍니다. 저는 너무 허황되게 여겨

믿지 않았습니다."

듣고 있던 연숙이 말했다.

"그렇겠소. 눈 먼 장님은 아름다운 무늬를 볼 수 없고, 귀머거리는 아름다운 악기 소리를 들을 수 없는 것이오. 어찌 오직 형체에만 장님과 귀머거리가 있겠소? 이 말은 바로 당신 같은 사람에게 적용될 것이오. 그 신인의 그러한 덕은 만물과 함께 어울려 하나가 되는 것이오. 세상이 스스로 다스려지도록 되어 있다면 누가 수고로이 천하를 위하여 일하겠소? 그 신인은 큰 장마물이 하늘에 닿는다 한들 물에 빠지지 않으며, 큰 가뭄에 쇠와 돌이 녹아 흐르고 산과 흙이 탄다 한들 뜨거움을 느끼지 않을 것이요, 그는 티끌이나 찌꺼기, 또는 곡식의 쭉정이와 겨 같은 것으로도 요임금이나 순임금 같은 거룩한 업을 빚어낼 수 있을 터인데, 어찌 세속의 일을 맡는다 하겠는가?"

사물의 쓰임새와
마음가짐

혜자가 장자에게 말했다.

"위왕이 나에게 큰 박 씨 하나를 주었소. 내가 그것을 심었더니 자라서 다섯 섬이 들어갈 수 있도록 컸습니다. 그러나 물을 부었더니 박이 물러 제대로 들 수가 없기에 그것을 두 쪽으로 쪼개어 표주박을 만들었더니, 펑퍼짐하기만 해서 아무것도 담을 수가 없었습니다. 그래서 아무리 큰 것이라 할지라도 소용이 없기에 깨뜨려 버렸습니다."

이에 장자가 말했다.

"선생께서는 정말 큰 것을 쓸 줄 모르는군요. 송나라 사람 중에 손이 트지 않는 약을 잘 만드는 사람이 있었는데, 겨울에 물빨래를 해도 손이 트지 않기에 대대손손 빨래질을 하고 있었습니다. 마침 지나가던 나그네가 그 얘기를 듣고 백금(百金)으로 그 약방문을 사고자 하니, 그 가족들이 모여 '우리가 대를 이어 빨래질이나 하면서 돈 몇 푼 벌던 것을 하루아침에 백금을 벌게 되었으니 팔기로 하자.'고 하여 약방문이 팔렸습니다. 약방문을 산 그 나그네는 오나라 왕을 찾아가 그 약을 수전(水戰)에 사용하고자 하였습니다.

얼마 후 때마침 월나라의 침략이 있자 오왕은 그를 대장으로 임명하고, 겨울 빙판에 월나라 군사와 수전을 벌여 크게 이기고 승전하여 많은 땅을 하사받았다 합니다.

손을 트지 않게 하는 방법은 같은데도 어떤 이는 땅을 하사받고, 어떤 이는 빨래질을 면치 못했으니, 이는 쓰는 방법이 달랐기 때문입니다. 지금 당신에게 다섯 섬들이 큰 박이 있다면 어찌하여 그것을 큰 배로 삼아 강호에 띄워둘 생각은 하지 않는 것이오? 그러고는 조각난 바가지가 평퍼짐하여 아무것도 담을 수 없는 것만을 걱정했으니, 선생의 마음 쓰는 것이 답답하지 않습니까?"

쓸모없는
물건의 소용

혜자가 장자에게 말했다.

"우리 집에 큰 나무 한 그루가 있는데 남들은 가죽나무라고 불러요. 그 줄기는 옹이가 울퉁불퉁하여 먹줄을 대어 널빤지로 쓸 수 없고, 그 가지는 뒤틀려 있어 자를 댈 수도 없을 지경이오. 길가에 서 있어도 목수들조차 거들떠보지 않소. 지금 당신의 말도 크기만 했지, 쓸 곳이 없으니 모든 사람들이 상대도 하지 않을 것입니다."

이에 장자가 말했다.

"당신은 살쾡이와 족제비를 본 적이 있지요? 땅에 몸을 납작 엎드려 붙이고 들쥐가 나오기를 노리지만, 동서를 뛰어다니며 높고 낮음을 가리지 않다가 덫이나 그물에 걸려 죽고 말지요. 그런데 저 리우란 소는 그 크기가 하늘에 드리운 구름과 같소. 이놈은 큰일을 할 수 있지만 쥐는 한 마리조차 잡을 능력이 없소. 지금 당신은 그 커다란 나무가 쓸모없이 덩그러니 서 있는 것만을 걱정하지만, 아무것도 없는 광활한 들에다 그것을 심어 놓고 때로는 하염없이 그 곁을 거닐거나 그 아래 드러누워 낮잠을 즐겨 볼 생각은 안 하는 것이오. 그 나무는 도끼에 찍히지 않을 것이고, 아무것도 그것을 해치지 않을 것이오. 쓸모가 없다고 하여 어찌 근심거리가 된단 말이오?"

스스로 소리를
내게 해야 한다

남곽자기가 의자에 기대앉아 우두커니 하늘을 우러러 큰 숨을 내쉬는 모습은 자신조차도 잃고 있는 듯하였다.

그 옆에서 시중을 들고 있던 안성자유가 물었다.

"어찌하여 그러십니까? 몸은 고목나무 같고, 마음은 불 꺼진 재처럼 보이십니다. 이전의 모습과는 사뭇 달라 보이십니다."

자기가 말했다.

"자유야, 잘 보았다. 지금 내가 나 자신을 잊었고 종전의 생각까지도 잊었었는데, 네가 그걸 살필 수 있었느냐? 너는 사람들의 피리 소리는 들었겠지만 땅의 피리 소리는 듣지 못했을 것이다. 설령 네가 땅의 피리 소리를 들었다 하더라도 하늘의 피리 소리는 듣지 못했을 것이다."

자유가 말했다.

"선생님, 그 도리를 가르쳐주십시오."

자기가 말했다.

"무릇 대지가 뿜어내는 기운을 바람이라고 말한다. 이것이 일어나지 않으면 그뿐이지만, 그 큰 바람이 일기만 하면, 지상의 모든 구멍은 성난 듯 울부짖으며 소리를 내는데, 혹 너 혼자 그 윙윙거리는 소리를 들어보지 못하였느냐? 숲속의 나무들이 뒤흔들리고 몇백 아름드리의 커다란 나무들이 숭숭히 구멍이 나 어떤 것은 사람의 코와도 같고, 입이나 귀와도 같으며, 목이 긴 병과도 같고 술잔과도 같다. 또한 절구통과도 같고, 깊은 웅덩이 같은 것들이 여기저기 뚫려 있는데, 그런 구멍들에 바람이 일면, 소용돌이치는 격류가 흐르고, 화살의 시위소리가 들리는가 하면, 무엇을 꾸짖는 듯, 들이마시는 듯, 외치듯, 울부짖듯, 터지는 소리가 들리다가도 다시 그윽하면서도 흐느끼는 소리도 들려온다. 앞의 것이 '우우' 하고 노래하면, 뒤의 것은 '와와' 하고 화답한다. 바람이 잦으면 노랫소리도 잦아지고, 바람이 사나우면 큰 소리로 화답한다. 그러나 모진 바람이 멎으면 모든 구멍은 이윽고 조용해지며 작은 나뭇가지들만이 남아서 가볍게 흔들릴 것이다."

자유가 말했다.

"땅의 피리 소리란 바로 여러 구멍에서 나는 것임을 알았습니다. 사람의 피리 소리란 바로 피리에서 나는 것임을 알았습니다. 감히 하늘의 피리 소리에 대하여 알고자 합니다."

자기가 말했다.

"한 줄기 바람이 대지에 불면 대지상의 모든 구멍은 제각기 다른 소리를 내는데, 그들로 하여금 스스로의 소리를 내게 하는 것이 하늘의 소리인 것이다. 모든 만물이 스스로가 택한 소리를 천연적으로 내고 있는데, 누가 감히 시킨다고 해서 그렇게 되는 것이겠느냐?"

저절로
갖추어진 마음

사람에게는 기쁨과 노여움, 슬픔과 즐거움, 근심과 탄식, 변덕과 고집스러움, 경박함과 방탕함, 뽐냄과 허세의 마음으로 범벅되어 있다.

이런 것들은 음악이 피리의 공간에서 생겨나고 버섯이 수증기로 말미암아 자라나는 것처럼 밤낮으로 우리 앞에 서로 교차되어 나타나지만, 그것들의 싹이 어디에서 돋아나는지를 알 수 없다.

자연은 사람을 낳았고 사람은 자연에 순응하는 작은 현상에 지나지 않는다. 자연이 아니면 내가 존재할 수 없고, 내가 아니면 자연의 섭리를 체득할 수 없으니 나와 자연은 그렇게 가까운 것이다.

그러나 대자연의 도를 주재하는 자가 있음에도 우리는 그가 누구인지를 모른다. 자연의 도가 운행되어 서로를 주재하고 있지는 그 자취를 찾을 수가 없다. 곧 자연을 지배하고 있는 줄은 알지만, 그 형체를 볼 수가 없다. 말하자면 외부의 형체는 없이 내부의 현실성은 존재하고 있는 것이다.

우리의 신체에 비유해 보자. 우리 몸에는 백 개의 뼈(많음을 뜻함)와 아홉 개의 구멍, 여섯 개의 내장(심장·간장·비장·폐·신장 2)이 갖추어져 있다. 우리는 그중 어느 것과 친한가? 여러분은 그것을 모두 좋아하는 가? 그중 특별히 사랑하는 것이 있는가? 그렇다면 신체의 모든 부분이 똑같이 내 종이 될 수 있는가? 만일 모두가 종들이라면 누가 주인이 되고 누가 종이 된단 말인가? 아니면 신체의 모든 부분들이 서로 번갈아가며 누가 주인(임금)이 되고 누가 종(신하)이 된단 말인가?

아니다. 그 형체 밖으로 정말로 지배하는 진정한 주재자가 존재할 것이다. 그러나 그 이치를 안다고 해서, 이 주재자에게 도움을 주거나, 이 이치를 모른다고 해서 이 주재자에게 손해를 끼칠 수는 없는 것이다.

사람이 세상에 태어나면 바로 죽는 것은 아니지만, 누구나 죽음을 기다려야 된다. 그런데도 살아 있는 동안 날마다 세상과 서로 엇갈리기도 하고, 서로 따르기도 하면서 말 등에 업혀 뜀박질하듯 그렇게 가 버리고, 그 세월을 멈추게 할 수 없으니 슬프지 않은가?

물질이란 허황되고 순간적인 것, 제아무리 죽을 때까지 발버둥 쳐도

아무것도 이루어지지 않은 채 끝내는 기진맥진하여 어디로 돌아갈 바를 모르니, 또한 슬프지 않은가? 다른 사람들이 여러분에게 죽지 않겠다고 위안해 준들 그것이 무슨 소용이 있겠으며, 일단 그 몸이 사라지면 여러분 몸에 깃들었던 영혼조차 그렇게 사라지니 얼마나 슬픈 일인가?

사람은 모두 '실유의 진심'[1]을 지니고 있다. 그 실유의 진심을 따라 이를 스승으로 삼는다면, 누구라도 스승은 있는 것이다.

이것은 자신에게 스스로 생겨진 마음이다. 어찌 자연의 변화를 알고 난 다음에야 스스로 얻게 된 것인가? 이는 어리석은 사람에 이르기까지 마음의 스승을 지니고 사는 것이다.

그런데 마음으로 스승을 삼지도 않고서 옳고 그름을 따진다면 그것은 오늘 월나라로 떠나면서 어제 이미 도착했다는 것이나 같다. 이것은 존재하지 않는 것을 존재한다고 하는 것이다. 존재하지 않는 것을 존재한다고 하는 자는 비록 신령스러운 우임금이라 하더라도 역시 알아 줄 수 없는 것이거늘 내가 또한 어찌할 수 있겠는가?

---

1 자기 몸에 저절로 갖추어진 마음을 뜻함.

언어는
내용이 있어야 한다

무릇 언어(말)란 바람에 불리어 자연히 나오는 소리가 아니다. 언어에는 내용이 있어야 한다. 무릇 언어에는 제 나름의 편견이 있어서 듣는 이는 얼른 그 시비를 가리지 못한다. 그러나 말을 했다고 해서 과연 말을 한 셈이 될지 안 될지는 모르는 것이다. 비록 새 새끼의 지저귀는 소리와는 다를지라도 거기에 분별이 있는 건지 없는 건지조차 알 길이 없다.

도(道)는 무엇에 가리어 진위의 분별이 생겼고, 언어는 무엇에 가리어 시비의 쟁변을 불러일으켰을까? 도는 진위의 분별이 없기 때문에 어디를 가나 존재하고, 언어는 시비의 분별이 없기 때문에 어디에나 타당한 것이 아닌가? 도는 조그만 성취에 숨겨져 있으며, 말은 화려함에 가려져 있는 것이다.

그러므로 유가[2]와 묵가[3]의 시비가 존재하게 되어, 상대방이 그르다고 하는 것은 이편에서 옳다 하고, 상대방이 옳다고 하는 것은 이편에서 그르다고 한다. 상대방이 그르다고 하는 것을 옳다고 하고, 상대방이 옳다고 하는 것은 그르다고 하려면 곧 밝은 지혜로써 해야만 할 것이다.

---

2 공자의 학설이나 학풍 등을 신봉하고 연구하는 학자나 학파.
3 제자백가의 한 파. 춘추전국 시대 노나라의 사상가 묵자가 개창하였음.

세상의 모든 사물은 상대적이다

세상의 모든 사물은 상대적이다. 모든 사물은 '그'가 아닌 것이 없고, '이것'이 아닌 것도 없다. 자기가 아닌 그의 입장에서 볼 때에는 보이지 않는 것도, 자기의 입장에서는 볼 수 있는 것이다.

그러므로 '그'는 '이것'이 있기에 생겼고, '이것'은 '그'가 있기에 생긴 것이다. 이같이 '자기는 옳고, 남은 그르다.'의 관념은 상대적으로 발생된 것이다. 생(生)에 상대되는 것으로 사(死)가 있고, 사에 상대되는 것으로 생이 있다. 마찬가지로 가능에 상대되는 것으로 불가능이 있고, 불가능에 상대되는 것으로 가능이 있다. 옳은 것 때문에 그른 것이 있고, 그른 것 때문에 옳은 것이 있다.

때문에 성인이라야 상대적 입장에 서지 않고, 자연의 입장에서 사물을 보는 것이다.

'이'는 곧 '그'요. '그'는 곧 '이'인 것이다.

'그'에게는 '그'를 옳다고 판단하고, '이'에게는 '이'를 옳다고 판단한다. 때문에 '그'와 '이' 사이에는 각각 옳은 것과 그른 것이 입장을 바꾸어 존재한다. 곧 저것도 한 가지 시비가 되고, 이것도 한 가지 시비가 된다. 그러면 과연 저것과 이것이 있는 것인가? 또는 저것과 이것이 없는 것인가? 저것과 이것이란 상대적인 개념이 없는 것, 그것을 일컬어 도추(道樞)[4]라고 한다.

중추(中樞)가 되어야만 비로소 둥근 고리의 중심[5]을 차지한 꼴이 된다. 즉 문짝의 지도리는 고리 속에 끼임으로 해서 그 빈 공간에서 무궁히 작용한다. 옳다는 것도 무궁한 변화의 하나요, 그르다는 것도 무궁한 변화의 하나로 서로 무궁하게 발전하지만, 이 옳고 그름의 쟁변과 '그'와 '이'의 분별을 종식시키려면 큰 도를 밝히는 방법밖에 없는 것이다.

손가락을 가리켜 손가락이 아니라고 하는 설명에, 손가락을 들고 손가락이 아니라고 설명하는 것만 같지 못하다. 말(馬)을 가리켜 말이 아니라고 하는 설명에, 말을 가리키고 말이 아니라 함은, 말이 아닌 다른 동물을 들어 말이 아니라 하는 것만 같지 못하다.

이처럼 도의 입장에서 본다면 천지를 한 개의 손가락이라 할 수 있고, 만물을 한 마리의 말(馬)이라고도 할 수 있다.

세상 사람들은 자기가 가(可)하다고 생각한 것을 가하다 하고, 불가(不可)하게 생각한 것을 불가하다고 한다.

그것은 마치 없었던 길을 사람이 통행함으로써 길이 이루어지는 것

4 도(道)는 세상 모든 일의 중추(中樞)가 된다는 뜻에서 '도추'라 부른다.
5 '둥근 고리의 중심'이란 도의 근원적인 경계로 '공(空)'의 상태를 가리키는 것이다.

31

과 마찬가지인 것이다. 만물도 그렇다. 본래 없었던 명칭을 사람이 만들어 부르게 된 것이다.

왜 '그렇다.'고 긍정하는 것일까? 그것은 남들이 '그렇다.'고 긍정하기 때문에 따라서 긍정하게 된 것이다.

왜 '그렇지 않다.'고 부정하는 것일까? 그것은 남들이 '그렇지 않다.'고 부정하기 때문에 따라서 부정하는 것이다.

만물의 시초를 논한다면, 본래 옳고 그르고, 그리고 가(不)하거나 불가(不可)한 것도 있다. 이는 또한 어떤 결과이든 옳지 못할 것이 없고, 가하다고 인정 못 할 것도 없다는 말이 된다.

만물은
하나이다

　가로 뻗친 들보와 세로 선 기둥, 문둥이(나병 환자)와 서시(四施)[6], 이들은 가로와 세로, 아름다움과 추함으로 해괴망측하게 상대되고 있으나 초월한 입장에서 본다면 그것은 한 가지의 사실이지, 결코 분별이 없는 것이다.

　이렇게 무차별한 입장에서 본다면, 분산한다는 것은 생성하는 것이요, 생성한다는 것은 곧 훼멸(없어짐)된다는 것이니, 모든 사물에는 생성과 훼멸의 분별없이 하나로 분별되는 것이다.

　오직 도를 통달한 사람만이 만물이 하나라는 섭리를 알게 된다.

　보편적이고 영원하다는 뜻의 '용(庸)'은 작용이란 뜻의 '용(用)'이니, 자연의 작용을 뜻한다. 용이란 자연과 혼연히 교통하게 되는 것으로,

---

6 월왕 구천이 오왕 부차에게 바쳤던 미인. 오왕은 서시의 아름다움에 혹하여 나라를 망친다.

자연과 통하게 되면 도를 체득하게 된다. 그 도를 체득하게 될 때에 큰 도에 접근할 수 있는 것이다. 이는 곧 천리(天理)와 자연에 맡기는 것이다. 때문에 비록 자연 그대로인 도를 따를 따름이지, 그 까닭을 알 수도 없는 것이 곧 도인 것이다.

만일 노심초사하여 억지로 만물을 하나로 보려고 해도 만물제동(萬物齊同)[7]의 섭리를 알 수 있는 것은 아니다. 이런 것을 조삼(朝三)이라 한다.

무엇을 조삼(朝三)이라 하는가?

옛날 송나라 때 저공이라는 사람이 원숭이를 키우며 도토리를 주었는데 어느 날 원숭이들에게 말하기를 '이제부터 너희에게 도토리를 아침에 세 개, 저녁에 네 개씩 줄 것이다.' 하니, 원숭이들이 성을 내어 덤볐다. 그러자 저공이 '그러면 아침에 네 개, 저녁에 세 개로 하자.' 하니, 모든 원숭이들이 좋아했다고 한다.

명분과 실제에 있어 별다를 바 없지만, 기쁘고 성냄이 달라지는 것은 역시 자기의 편견을 따르기 때문이다. 이는 억지로 도를 알려는 사람과 다를 바 없는 것이다.

때문에 성인은 시비의 대립을 건너, 하나로 조화시키고 자연의 평등한 이치에 머무는 것이다.

이는 시비가 각각 존재하게 하면서도 시비 사이에 서로 걸리지 않게 지나감을 말하는 것으로, 이것을 일컬어 '양행(兩行)[8]이라 한다.

---

7 모든 사물과 이치를 평등하게 본다는 뜻.
8 사물과 자아가 각각 제자리를 지키며 서로 걸리지 않음.

본연의 빛으로
사물을 살펴야 한다

옛사람 가운데에는 그 지혜가 궁극의 경지까지 다다른 이가 있었다.

어떻게 그 궁극의 이치를 알 수 있을까?

최고의 경지는, 천지만물을 잊고 우주 간에 아직도 아무것도 존재하지 않는다고 생각하는 사람이다. 이는 가장 높은 경지여서 다시 거기에 첨가할 것이 없다.

그 다음의 경지는, 사물은 존재하지만 사물 사이에 아직 분별이 없다고 보는 것이다.

또 그 다음 경지는, 사물 사이에 분별은 있지만, 누가 옳고 누가 그른지의 시비 관념이 존재하지 않는나고 보는 것이다.

그러나 뒷날, 시비의 분별이 생기자 도(道)는 붕괴당하고, 도가 붕괴당하자 정욕은 사사롭게 돋아나는 것이다.

과연 도에는 생성과 붕괴의 현상이 있는 것일까?

아니면 생성과 붕괴가 없는 것일까?

도의 현상에는 생성과 붕괴가 있다.

예를 들면, 소씨가 거문고를 뜯을 때에는 오음(五音)이 전부 연주되는 것이 아니라, 이 소리가 나면 저 소리는 나지 않으므로, 나는 소리는 생성이요, 나지 않는 소리는 붕괴인 것이다. 때문에 생성과 붕괴는 있다 할 수 있다. 그러나 소씨가 거문고를 던지고 뜯지 않을 때, 오음은 소리 없이 생성도 붕괴도 없는 것이다.

고소씨가 거문고를 뜯고 사광이 지팡이로 땅을 치면서 반주를 하고, 혜자가 책상을 비키고 변론을 벌일 때, 그들의 지혜는 최고의 경지에 다다른 것으로 명성을 당시에 떨쳤고, 뒷날 기록에도 남기게 된 것이다.

다만 그들이 즐겨하는 것은 남들과 다르다고 생각했고 그들이 즐겨한 바를 남에게 밝히려고 했다.

그러나 이것은 남들이 꼭 알게 하려는 것이 아니었다. 만일 남들이 꼭 알기를 강요한다면, 이는 견백론(堅白論)[9]을 남에게 알리려 해도, 남들은 끝내 그것을 알 수 없는 것과 같은 것이다.

또한 소씨의 아들이 아버지의 기술을 배우고도, 끝내는 그 기술보다 더 성취시키지는 못하였다.

이상 세 사람이 만일 재능이 뛰어나 남들과 다르게 도를 이루었다고 한다면, 나도 또한 도를 이루었다 말할 것이요, 만일 이 세 사람이 도를 이루지 못했다고 한다면 남들이나 나도 모두 도를 이루지 못한 것이다.

---

9 전국시대 공손룡의 학설. 굳고 흰 돌이라는 감각에 의한 판단과, 흰 돌이라는 시각적 판단으로 분리할 수 있다는 논리.

그러므로 성인은 도를 미혹하고 세상 사람을 현혹하는 일을 없애려고 힘쓰고 있다. 그리하여 성인은 자기의 슬기를 작용하지 않고, 다만 영원한 도에 융합하려 하므로, 이를 '본연의 빛'이라 하고, 이로써 사물을 살피는 것이다.

내가 이렇게 이야기했지만, 그것이 남들이 갖고 있는 '그'와 '이'의 분별 관념과 비슷한 것일까? 비슷하지 않은 것일까?

그러나 비슷하든 비슷하지 않든, 여러 부류를 한데 합치면, 거기에는 차이가 존재할 수 없다.

아무튼 큰 도란 언어(말)로 표현할 수 없지만 시험 삼아 이야기해보자.

시간에 있어서 시초가 있었을 것이다. 그렇다면 시초가 있기 전의, 시초가 없었을 때도 있었을 것이다. 한 걸음 더 나아가 아직 시초가 없었던 때도 있었을 것이다.

마찬가지로 '유(有)'라는 것이 있었다면, 유 이전의 '무(無)'가 있었을 것이고, 다시 그 무가 없었던 상태도 있었을 것이다.

유와 무의 관계는 본래 이렇게 순환적이다.

그러나 유와 무는 불현듯 또 나타나, 우리는 있고 없고의 결과가 누구에게는 있고 누구에게는 없는지를 알 수 없다.

나는 말로 하는 것을 반대해 왔다. 그러나 여기까지 말하지 않을 수 없었다. 다만 내 말에는 시비의 고집이 없었거늘 내 말이 도대체 무엇을 말했다고 할 수 있을지, 아니면 없었다고 할지 모른다.

언어의 분별과
시비의 관념을 버려라

형체상으로 보는 천지만물에는 대소의 분별이 있지만, 성분상으로
보는 천지만물에는 대소의 분별이 없다.

말하자면 가을날 짐승의 털끝보다 큰 것은 천하에 없고, 태산은 오
히려 작은 것이라고 할 수 있다. 일찍 요절한 어린아이보다 오래 산 이
는 없고, 팽조는 오히려 요절했다고 할 수 있는 것이다.

형체의 대소, 수명의 장단이 없기 때문에 천지는 비록 장수한 듯하
지만, 나와 함께 공존하며, 천차만별인 만물도 나와 같이하고 있는 것
이다.

천지만물이 한 덩이로 통달되었을 때 또 무슨 언어가 필요할까? 그
러나 '만물이 한 덩이로 통달되다'란 말도 말로 형용될 수밖에 없는 것
이다.

이렇게 언어로 표현하는 일이 불가피하다면, '하나'라는 사실과 하

나라는 언어가 합쳐서 둘이 된다. 하나라는 언어가 생겼을 때, 또 하나의 상대적인 명칭이 생기는 이 두 가지의 명칭에다 본래 하나라는 사실을 합하면 셋이 되는 것이다.

이렇게 계속 늘어나게 되면 아무리 수학에 능한 사람일지라도(계산을 잘하는 사람) 헤아릴 수 없게 될 것이므로, 하물며 평범한 필부에게는 당해낼 수 없는 것이다.

이처럼 무에서 유로 발전한다면, 곧 세 가지 시비의 명칭까지 번졌거늘, 하물며 처음부터 유에서 출발하여 유로 나간다면, 번잡한 분별 속에서 견딜 수 없을 것이다.

그래서 차라리 언어의 분별과 시비의 관념을 버리고 자연의 도에 내 발걸음을 맡겨야 한다.

겉으로는
드러나지 않는 빛

무릇 도(道)란 어디든지 있는 것, 결코 한계가 없는 것이다. 언어는 본래 '그'와 '이'의 분별 때문에 시비가 따르기 마련이다. 그렇기 때문에 언어는 차별을 갖게 마련이고, 따라서 한계를 면치 못한다.

언어의 한계에 대한 예를 들어 보자.

좌가 있으면 우가 있고, 원칙적인 사리(이론)가 있으면 비판적(설명)인 것이 있고, 분(分, 분석)에 대해 변(辯, 분별)이 있고, 경(競, 대립)에 대해 쟁(爭, 다툼)이 있다.

이것을 여덟 가지 덕, 즉 팔덕이라 하는데, 사람마다 지니고 있는 작용이다.

그러므로 성인은 육합(六合)[10] 외의 문제, 즉 형이상(形而上)의 문제는

10 하늘과 땅, 그리고 사방을 가리킨다.

언어로 형용할 수 없는 것으로 여겨 논의의 대상을 삼지 않았고, 육합 안의 문자, 즉 형이하(形而下)의 문제는 논급한 바 있으나 비평을 가하 지는 않았다.

'춘추(春秋)'는 시대의 기록이요, 선왕의 사적인바 세상을 다스리는 길(경륜)을 쓴 책이다. 그러므로 옛 임금들의 뜻이 실려 있는데, 성인은 거기에 논급하여 당시의 이익을 따졌지만, 결코 사견으로 시비하거나 공박하지는 않았다.

그러므로 성인은 도를 억지로 분석하지 않는 태도로 사물을 분석했 고, 억지로 변론하지 않는 태도로 사물을 분별했다. 그것은 성인이 도 를 자기 몸에 품고 그것을 자기와 일체로 삼으나 범인은 한사코 그것 을 변론하여 남에게 자기를 과시하려 한다. 때문에 변론이란 아무리 해보아도 남에게 진리를 송두리째 보일 수는 없는 것이다.

무릇 진정한 대도는 이름을 붙일 수 없고, 진정한 변론은 말로써 되 는 것이 아니다. 따라서 진정 위대한 사람은 그 표현이 무심하고[11], 위 대한 청렴은 그의 모습을 드러내지 않으며, 위대한 용기는 남을 해치 지 않는다.

도를 밖으로 빛나게 함은 진정한 도가 아니요, 말을 지나치게 지껄 이면 진실에 미치지 못한다. 따라서 인(仁)도 너무 고집하면 널리 퍼질 수 없고, 청렴함이 분명히 드러난다면, 도리어 그 내심을 믿을 수 없게 되며, 용기도 너무 맹렬하면 도리어 남의 원한을 얻는 법이다.

이 다섯 가지는 본래 둥근 것이거늘, 사물의 뒤에 남은 흔적에 구애

---

11 사랑하지 않는 듯하여도 사랑이 있는 모습.

되어 오히려 모진 것으로 가까워지고 만 것이다. 그러므로 사람의 지혜란 모르는 데에 그치고 마는 것이 오히려 최고의 지혜가 된다.

이처럼 사람의 본분을 지켜야만 극점에 다다를 수 있거늘, 누가 감히 언어로 쓸모없는 변론과 이름 지을 수 없는 도를 알 수 있겠는가?

만약 있다면 전지전능한 자연의 보고라고 할 수 있을 것이다.

거기에는 아무리 물을 부어도 넘치지 않고, 아무리 퍼내도 마르지 않으면서 오히려 수원(水源)을 알 수 없는 경지일 테니, 이러한 경지를 바로 빛을 싸서 감추는 '보광(寶光)'[12]이라 말하는 것이다.

---

12 덮여 있는 빛, 겉으로 드러나지 않는 빛.

지덕(知德)한 사람이란

설결이 그의 스승인 왕예에게 물었다.

"선생님은 모든 사물이 절대적인 진리임을 알고 계십니까?"

"내가 어떻게 안단 말인가?"

"그러면 선생님은 무엇을 모르십니까?"

"그것도 모르지."

"그러면 모든 만물도 선생님처럼 모르고 있다는 말씀인지요?"

"그것도 모르겠군. 그렇다면 시험 삼아 몇 마디 해보지. 이른바 내가 안다고 하는 것을 어찌 안다고 할 수 있고, 이른바 내가 모른다는 것을 어찌 모른다고만 할 수 있을까? 한 가지 자네에게 묻겠는데, 사람이 습진 곳에서 자면 요통이 생겨 끝내는 반신불수로 죽는데, 미꾸라지도 그렇던가? 또 사람이 나무에 오르면 몸을 바들바들 떨고 있는데 원숭이도 그렇던가?

이 세 가지 사람·미꾸라지·원숭이 중에서 누구의 거처가 정당하다고 생각되는가? 사람들은 소·양과 개·돼지를 잡아 육식을 즐기고, 고라니와 사슴은 풀을 먹고, 지네는 뱀을 잘 먹고, 올빼미와 까마귀는 쥐를 즐겨 먹으니, 도대체 이 네 가지 중에 누가 진정한 맛을 안다고 생각되는가? 그뿐인가? 원숭이는 편저(猵狙, 원숭이의 종류)를 암컷으로 삼고, 고라니는 암사슴과 정을 통하고, 미꾸라지는 물고기들과 짝을 지어 자기들끼리 노닐 걸세. 그런데 모장이나 이희는 사람들이 일컫는 절세미인이지만, 물고기가 그녀를 보면 물속으로 숨어 버릴 게고, 새들이 그녀를 보면 하늘 높이 날아갈 것이고, 사슴들이 보면 그도 겁을 먹고 뺑소니치고 말 것일세. 그렇다면 도대체 이 넷 중에서 누가 천하의 미를 안다고 생각되는가? 내가 보기에는 인의의 분별이나 시비의 길은 착잡하게 헝클어져 난들 어찌 그 분별을 알 수 있겠는가?"

설결은 계속해서 물었다.

"선생님께서는 이해(利害, 이롭고 해로운 것)를 모르시는 듯합니다. 그렇다면 지덕(至德)한 사람도 이해를 모를까요?"

왕예가 대답하였다.

"지덕한 사람, 즉 지인은 신비로운 것이다. 큰 연못을 말릴 뜨거운 불, 산림이 훨훨 타올라도 그를 태우지는 못하고, 큰 강이 얼어붙는다 해도 그를 춥게는 하지 못하고, 더구나 산을 뒤엎는 우레와, 바다를 뒤집는 폭풍이 밀려온다 해도 그를 놀라게 하지는 못할 것이다. 뿐만 아니라 지인은 오히려 구름을 타고, 거기다가 해와 달에 올라 앉아 저 멀리 사해의 밖 무궁한 허공을 소요하면서 삶도 죽음도 그와는 아랑곳없을 테니, 하물며 그 따위 이해를 따지는 마음쯤이야 그 마음에 둘 턱이 있겠나?"

활을 보자
부엉이구이를
생각하는 것

구작자가 장오자에게 물었다.

"저는 선생님의 이런 말씀을 들었습니다. 성인은 세상의 속된 일에 따르지 않고, 이익을 좇지 아니하며, 해로움을 피하려고도 아니할 뿐더러, 없는 것을 구차하게 구하지도 않거니와, 도덕을 따르는 일도 없다 합니다. 말하지 않았건만 말한 것이 있기 마련이고, 말을 했건만 도리어 말을 안 한 것이 된다 합니다. 그리하여 속세를 초탈하여 멀리 노닌다고요. 선생님께서는 이것을 맹랑한 말이라고 하시지만, 제 생각에는 거기에 오묘한 도가 있다고 여기는데 선생님께서는 어떻게 생각하십니까?"

장오자가 대답했다.

"이것은 황제 같은 성인일지라도 들으면 당황하여 어리둥절할 말이다. 하물며 나 같은 사람이야 어찌 알겠느냐? 그런데 자네가 이 말을 처음으로 듣고 오묘하다고 여기는 것은 너무 성급한 것 같다. 자네의 그런 태도는 마치 달걀을 보자 새벽을 알리는 닭을 생각하고, 새를 잡는 활을 보자 곧 부엉이구이를 생각하는 것과 같은 일이다."

그는 계속 말했다.

"기왕 꺼낸 김에 계속해서 망언을 할 터이니 자네도 아무렇게나 들어 보게! 성인이란 해와 달에 의지해 행동하고 영원히 빛나는 우주를 품에 낀 듯이 처신한다. 행동은 만물과 한 덩어리 되어, 그 몸을 혼돈 속에 놓아두고는 천한 사람에 이르기까지 귀히 여겨 아무런 분별을 하지 않는다.

그런데 범인들은 시비의 구렁텅이에서 서로 악착스레 하지만, 성인은 멍청할 정도로 모든 것을 망각하고 지낸다. 유구한 세월 속에 모든 사물이 천양각색으로 변하는 그 가운데 몸을 던지면서도 한 가닥 도를 지키기에 순수할 뿐이다. 모든 사물이 그렇지 않은 것이 없거늘 다만 성인만은 만물을 모두 있는 그대로 두고 그냥 되는 대로 살아가는 것이다."

상반되는
꿈과 현실

장오자의 말은 계속되었다.

"삶을 탐하는 것이 하나의 미혹이 아니라고 자네는 부정할 수 있겠는가? 죽음을 두려워하는 것이 마치 어려서 고향을 떠나 타향을 유랑하다가 커서도 귀향할 줄을 모르는 것과 같다고 자네는 생각되지 않겠는가? 이희는 애 땅의 국경지기의 딸이었네. 진나라로 시집갈 때 어찌나 울었는지 눈물로 옷깃을 적셨는데, 헌공의 왕실에 들어선 뒤, 왕과 푹신한 침상에 뒹굴면서 미식을 즐기게 되면서부터는 당초에 울고 불고 하던 것을 후회했다고 하더군! 마찬가지로 죽은 사람이, 죽어 보니까 비로소 그 죽음이 편안하여 왜 죽기 전에는 살려고 발버둥 쳤나를 후회할지 알았겠는가?"

장오자의 말은 계속되었다.

"꿈과 현실은 더러 상반된다네. 꿈속에 술을 마시며 즐기던 자가 아침이 되어 통곡하는 일도 있거니와, 꿈속에 울고불고 하더니만 낮에 사냥질을 하면서 좋은 일이 생기기도 한다. 꿈속에서는 그것이 꿈인 줄 모르고 그 꿈의 길흉을 점치기에 버둥거리다가 꿈이 깬 뒤에야 그것이 한바탕 꿈이었던 것을 알게 되는 것이다. 또한 큰 깨어남이 있어야만 비로소 이 삶이 큰 꿈임을 알게 된다.

그런데 어리석은 사람은 스스로 정신을 차리고 있다고 뽐내고 자기가 명철하게 사물을 보고 있는 줄 안다. 그것뿐인가? 어떤 것은 높다고 추어올리고 어떤 것은 천하다고 업신여기니 얼마나 고루한 짓인가?

나도 지금 자네와 더불어 꿈속에 있는 것이다. 내가 자네에게 꿈속에 있다고 하는 것도 결국은 나도 꿈속이란 말일세.

이런 말을 사람들은 지극히 기묘하다고 할 것이다. 오랜 세월이 지나 이런 말을 이해하는 위대한 성인을 한번 만나서 그 뜻을 알게 된다 하더라도 그것은 하루 사이에 만나는 것이다."

무엇이
옳고 그른가

장오자의 말은 그칠 줄 몰랐다.

"만일 자네와 내가 변론을 벌이다가 자네가 나를 이겼다고 하세. 그러면 자네의 말은 필연코 옳은 것이고, 내 말은 필연코 틀린 것인가? 거꾸로 내가 자네를 이겼다면 나는 과연 옳고, 자네는 과연 그른 것이되겠는가? 아니면 어느 쪽은 옳고 어느 쪽은 틀린 것인가? 그것도 아니면, 두 가지가 다 옳고, 두 가지가 다 그르다는 말인가?

나와 자네는 피차의 편견으로 서로 물러서지 않을 것이다. 설사 남을 불러들인다 해도 망설이고 말 것이다. 누구를 불러야 우리를 올바르게 판정해 줄까?

만일 자네의 견해를 동조하는 사람에게 판정을 청한다면 그 결과는 자네의 견해와 같은 것이 뻔한 일일 터이니, 어찌 그 사람의 판정이 공정하다고 할 수 있겠는가 말이다. 경우를 바꾸어서 내 견해에 동조하는 사람을 불러 판정을 청한다면 그 결과도 내 견해와 같을 것이 뻔할 터이니, 도대체 그 사람의 판정을 공정하다고 할 수 있겠는가?

그렇다면 이번에는 나나 자네의 견해를 달리하는 사람을 청하여 판정을 내린다면, 그 사람 또한 나와 자네의 견해를 달리한 이상, 어찌 올바른 판정을 내려 주겠는가? 마지막으로 나나 자네의 견해를 같이 하는 사람을 청하여 판정을 구한다면, 그 결과가 나와 자네의 견해에 다를 바 없을 터이니, 그도 어찌 바른 판정을 해주리라고 생각되는가? 그러다 보면 나나 자네나 제삼자는 모두 무엇이 옳고 무엇이 그른가를 모르는 것이 되는 것이다. 도대체 이 밖의 누구를 청해야 된단 말인가?"

무한한 자연에
자신을 맡겨야

장오자는 시비의 분규에 대하여 계속 풀이해 갔다.

"결국은 피차 상대적인 관념을 버리고 자연에 순응하는 자세가 필요한 걸세. 그러면 어떻게 천예로 조화할 수 있겠는가?

옳다는 것과 그르다는 것이 상대적이요, 그렇다고 시인하는 것과 그렇지 않다고 부인하는 것이 상대적이거늘 그 상대적인 대립은 모두 허망한 것이다. 때문에 '옳음'은 반드시 옳지 못했고, 그렇다고 시인하던 것도 반드시 그런 것은 아니다. '옳음'이 절대적으로 옳다면, 여기에는 시와 비의 분별이 생겨나고, 그렇다고 시인하던 것이 절대적으로 그렇다면, 시인과 부인의 분별은 면할 수 없는 것이다.

그러나 지금 자네가 옳다고 하던 것을 나는 옳지 않다고 말하고, 내가 옳다고 말한 것은 자네가 그르다고 하지 않는가?

시비나 긍정, 부정은 모두 절대적인 것이 아니다. 시비의 대립은 모두 허환(虛幻)한 것이라 결국 대립이 없는 것과 같은 것이다.

이런 허환한 대립을 자연적인 원칙에 화합시켜 자연의 무한한 변화와 그 운행에 몸을 맡기고 하늘이 준 목숨대로 살아가는 것이다.

그러면서 세월을 잊고 시비를 간파하여 시비의 명의(名義)를 잊고, 무궁한 우주 속에 노닐면서, 그 무궁한 절대적 세계에 몸을 맡기는 것일세!"

자연 그대로를 따르다

망량(罔兩)[13]이 그림자에게 물었다.

"조금 전에 보니까 당신이 움직이고 있었는데 지금 보니 멈춰 있소. 아까는 앉아 있더니 지금은 일어나 있고, 당신은 어째서 그처럼 일정한 마음가짐이 없는가?"

그림자가 대답했다.

"당신이 말한 대로 일정한 마음가짐이 없는 것은 사실이오. 나는 무엇인가 형체를 따르고 있는 것이오. 내가 이렇게 움직이고 있는 것은, 내가 또 무엇인가 다른 형체를 따라 움직이고 있는 것이 아닐까요? 내 행동은 피동일 뿐이오. 마치 뱀이 뱀의 배 아래 비늘에 의하여 기어가고, 매미가 그 날개에 힘입어 날을 수 있는 것과 같을지 모르오.

---

13 그림자 밖에 있는 희미한 그늘.

내가 왜 그렇게 되는지, 혹은 왜 그러면 안 되는지를 어떻게 알겠소.
그저 자연 그대로를 따라 움직이고 있는 것이오!"

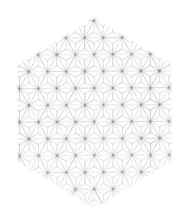

호접몽

_胡蝶夢, 나비꿈

예전에 나는(장자 자신을 뜻함) 나비가 되어 훨훨 날아 본 꿈을 꾼 적이
있다.

그때 나는 우쭐대면서 훨훨 날아다니는 한 마리 나비였었다.

그리고 그냥 즐거울 뿐, 별로 그것이 싫지 않았을 뿐만 아니라 그것
이 바로 나 자신인 줄도 까맣게 잊고 있었다. 소스라쳐 꿈이 깨자, 나
는 여전히 형체가 있는 나인 줄로 알게 되었다.

도대체 장자가 나비가 된 꿈을 꾼 것인지, 아니면 나비가 장자가 된
꿈을 꾼 것인지 모르겠다. 그러나 장자와 나비는 분명히 별개의 것이
다. 그러나 꿈속에서는 누가 누군지 서로의 관계가 애매해진다.

이를 이른바 물화(物化)라고 하니, 즉 두 가지 사물이 하나로 됨을 말
하는 것이다.

지혜에는
한계가 없다

왕선겸의 말을 빌리면, 장자가 말한 양생의 근본이 되는 중요한 뜻은 모든 사물의 자연적인 이치를 순응하면서도 그 사물에 구애당하지 않고, 모든 감정의 복잡한 비환을 잊으면서도 그 천명을 거역하지 않는 것에 있다고 했다.

그것은 인간의 자그마한 지혜를 수고롭게 하거나, 슬프고 기쁜 감정으로 앙탈부려서 되는 게 아니라 오직 자연에 순응하면서 삶과 죽음을 같은 이치로 보고, 다시 이 광대한 천지의 운행과 함께 존재함으로써 얻어지는 것이다.

우리들의 생명에는 한계가 있지만 지혜에는 한계가 없다.

유한한 생명체로 무한한 지혜를 추구한다는 것은 위험한 일일 뿐이다. 더구나 이런 위험을 알지 못하면서 다시 지혜를 얻으려는 것은 더욱 피곤해져 버리고 만다.

선을 행한다 해도 명성을 얻으려 해서는 안 되고, 악을 행한다 해도 형벌을 불러들여서는 안 되는 것이다.

자연의 정도를 따라 적당한 선을 지켜야만 비로소 그대의 몸을 보전할 수 있고, 그대의 생명을 보전할 수 있으며, 나아가서는 그대의 부모를 봉양하면서 하늘이 준 수명을 다할 수 있는 것이다.

삶을
기르는 법

양혜왕의 주방장이 왕을 위해 소를 잡은 적이 있었다.

그의 손이 닿는 곳이나 어깨를 기대는 곳, 발로 밟는 곳, 무릎으로 누르는 곳, 그 동작 하나가 움직일 때마다 삐걱삐걱 쓱쓱 하며 뼈와 살이 떨어지는 소리와 칼질하는 소리가 범벅이 되어 들렸는데 그것이 모두 음악의 가락에 맞았다.

마치 탕임금이 만든 춤과 같고, 요임금의 음악도 연상케 했다. 보고 있던 양혜왕이 탄식하며 입을 열었다.

"기막히군, 아아, 훌륭하다! 손재주가 이런 경지에까지 이를 수가 있는가?"

주방장은 칼을 놓고 대답했다.

"제가 즐기는 것은 도락입니다. 이미 손재주의 과정은 지나쳐버렸습니다. 제가 처음으로 칼잡이가 되어 소를 가를 때만 해도 눈에 보이는 것은 소뿐이었습니다. 그런데 3년이 지나자 소의 모습은 완전히 보이지 않았습니다. 지금 저는 마음으로 소를 처리하는 것이지, 결코 눈으로 관찰하는 것은 아닙니다. 감각의 작용은 모두 정지되었고, 오직 제 마음의 경로만을 따라서 소의 자연적인 구조를 만지고 있는 것입니다.

칼을 골절이 연접된 골짜기에 대고 쪼개는가 하면, 빈 골절 사이를 왔다갔다 하는 것이니, 말하자면 자연의 도리를 따라 칼질하는 것입니다. 제 칼날은 결코 가로세로 얽혀진 힘줄을 다치지 않게 하거늘, 하물며 커다란 뼈를 아프게 하는 일은 있을 수 없습니다.

능숙한 칼잡이도 일 년에 한 번은 칼을 바꿉니다. 그것은 살을 너무 많이 벤 까닭입니다. 어중간한 칼잡이는 한 달이면 한 번씩 칼을 바꿉니다. 그것은 칼로 살을 베는 게 아니라 뼈를 베는 까닭입니다.

지금 제가 쓰는 칼은 벌써 19년이나 써 오고 있는데, 이 칼로 가른 소만도 몇천 마리는 될 것입니다. 그러나 칼날은 금방 숫돌에 갈아 온 듯 날카롭습니다.

그 까닭은 이렇습니다. 원래 뼈마디끼리 잇단 곳에는 빈틈이 있기 마련인데, 제가 쓴 칼날은 그 빈틈보다 얇습니다. 얇은 두께로, 넓은 간격을 휘두르면 아무리 해보아도 칼날은 칼날대로 보전되는 것입니다. 비록 그렇기는 하지만, 힘줄과 뼈가 엉켜진 곳을 만났을 때에는 저도 그것이 어려운 줄 알고, 한층 긴장하여 조심합니다.

제 눈빛을 한 곳에 모으고 저의 손발도 서서히 움직이면서 칼질을 가볍게 뚫고 나가면, 와르르 소의 골육은 조용히 갈라져서 마치 흙덩이가 땅에 떨어지듯 우수수 흩어집니다.

그러고 나서야, 저는 칼을 집고 일어서서 사방을 휘둘러봅니다. 가슴에 일렁이는 만족감을 안은 채 저는 다시 칼을 손질하여 넣어 둡니다."

양혜왕은 몹시 감동했다.

"훌륭하다. 나는 칼잡이의 말을 듣고 비로소 삶을 기르는, 양생의 법을 체득하였구나."

하늘의 뜻

공문헌은 우사를 보자 놀라며 말했다.

"아니, 어디 이런 사람이 있단 말인가? 왜 외짝다리인가? 하늘이 그렇게 한 것인가? 사람이 그렇게 만든 것인가?"

우사의 대답은 이러했다.

"하늘이 이렇게 한 짓이지, 사람이 한 짓은 아니올시다. 하늘이 저를 낳을 때 본디 외발로 낳아 주었습니다. 사람의 형체는 하늘이 만들어 준 것이니, 이 외발도 하늘의 뜻인 걸로 알고 있습니다."

못가에 사는 꿩은 먹이가 없어, 열 걸음이나 걸어 나가야 먹이를 쪼고, 백 걸음이나 나가야 한 모금의 물을 마시지만, 사람 손에 잡혀 울 속에 갇히는 것을 원치 않는다. 울안에서는 먹이를 찾기에 힘들지 않아 기운은 좋을지 모르나, 결코 들판에서처럼 즐겁지 못한 까닭이다.

명예욕은
남을 훼방하는
근본이다

안회가 공자에게 여행을 떠나겠다고 인사를 드렸다.

"어디를 가려는가?"

"위나라에 가렵니다."

"무슨 일로 가려느냐?"

"제가 듣자니, 위나라 임금이 나이가 젊은지라 그 처사가 너무 독단적이어서 백성들을 함부로 부려도 감히 아무도 간하지 못한답니다. 백성들을 함부로 전쟁터에 보내어 그들의 시체가 온 나라에 질펀하여 마치 초개처럼 버린다니, 백성들은 무섭고 굶주린 들판에서 어디로 돌아갈 바를 모르고 있답니다.

저는 선생님께서, '태평한 나라를 떠나 어지러운 나라로 가야 된다. 거기에는 일이 있고 불쌍한 백성이 기다린다. 마치 의사의 집에 병자가 모이는 것과 같은 이치이다.'라고 한 말씀을 기억합니다. 이제 선생

62

님의 가르침을 좇아 가 보겠습니다. 그러면 아마 그 나라의 병폐도 다스릴 수 있을 것입니다."

공자가 말했다.

"그것은 안 될 말이다. 너는 그 나라 사람들께 봉변만 당할 것이다. 무릇 도란 순수한 것으로 번잡해서는 안 된다. 번잡하면 일이 많아지고, 일이 많아지면 마음이 어지러워지고, 마음이 어지러우면 근심이 생긴다. 스스로의 근심이 번지면 남을 건져낼 수 없게 된다.

옛날 성인은 먼저 자기를 확립한 뒤에 남을 세우려 했다. 자기도 확립하지 못한 주제에 어찌 폭군의 소행을 다스릴 여유가 있겠는가?

너는 덕이 그 진실함을 잃기 쉽고, 지혜는 지나치게 되기 쉬운 그 연유를 아느냐? 덕은 명예욕 때문에 진실성을 잃기 쉽고, 지혜는 위선의 다툼 때문에 지나치게 되는 것이다.

명예욕은 남을 훼방하는 근본이 되며, 지혜는 남과 다투는 무기에 지나지 않는다. 이 두 가지는 모두 흉기일 뿐, 결코 처세의 정도가 될 수 없는 것이다. 그리고 아무리 자기의 덕행이 돈독하고 신용이 확실하다 할지언정 아직 남의 기질을 알기에는 부족하고, 아무리 명예를 다투는 일이 없다 할지언정 아직 남의 마음을 이해하기에는 부족하다. 하물며 인이니 의니 법도니 하는 논의를 폭군 앞에서 억지로 지껄이는 것은, 오히려 남들에게서 네가 자신을 과시하려는 사람이라고 미움을 받고 말 것이다.

이러한 사람을 '남을 해치는 사람'이라고 한다. 남을 해치는 사람은 반드시 남에게 해를 받게 마련이다. 그렇다면 너도 남들로부터 재해를 받게 될 것이다."

이론과 실리를
추구해서는 안 된다

공자가 말을 이었다.

"만일 위나라 군주가 어진 이를 좋아하고, 나쁜 이를 미워한다면 하필 너 같은 사람을 등용하여 특이한 일을 해주기 바라겠는가?

만일 위나라가 혼란해지더라도 너는 오직 말을 하지 않는 것이 마땅하다. 무엇인가를 말한다면 임금은 반드시 너를 권세로 누르고 그 이론을 무찌를 것이다. 그러면 보나마나 네 눈은 아찔해지고 낯빛은 태연한 듯 애를 쓰지만 입으로는 변명하기에 바쁘고, 태도는 비굴해질 것이며 마음조차 누그러져 그를 따라가게 될 것이다.

이는 마치 불로써 불을 끄고, 물로써 물을 막는 거와 같은 것이다. 이런 걸 보고 익다(益多, 더욱 늘이는 것)라고 하니 불난 데 부채질하는 격이다. 이런 식으로 처음부터 그의 독선에 끌려가 아마 끝까지 그를 따라갈 수밖에 없을 것이다.

다시 말하거니와 네가 충심으로 너를 믿지 않는 사람을 간한다면, 너는 반드시 그 폭군의 손에 죽고 말 것이다."

공자는 계속해서 말했다.

"또 옛날에 하의 걸왕은 어진 신하였던 관용봉을 죽였고, 은의 주왕은 숙부인 비간을 죽였다. 이들은 모두 자기 몸을 닦아서 신하의 몸으로 백성을 사랑하고, 신하의 몸으로 군주의 뜻을 어긴 사람들이다.

그러므로 군주는 그들의 몸가짐이 착실하기 때문에 오히려 그들을 제거해버렸던 것이다. 그것은 그들이 명성을 좋아했고, 또한 군주는 그들의 명성이 자기보다 높을까 두려워했던 소치인 것이다.

옛날에 요는 총지와 서오를 공격하였고, 우는 유호를 공격하였다.

결과로 그 세 나라는 초토화되어 폐허가 되고 사람들은 죽임을 당하였다. 그것은 전쟁을 불사하면서 명성과 실리를 추구해 왔기 때문이다. 과연 이론과 실리를 추구했던 사람의 최후가 이러하거늘, 너는 일찍이 들어본 적이 없었느냐?

명성과 실리를 좇는 자는 성인도 차마 감화시킬 수 없거늘, 하물며 네가 어떻게 위왕을 설복시키겠는가?"

자기만의 분별에
매달려서는 안 된다

공자가 다시 물었다.

"네가 위나라에 갈지라도 설복은 어려울 줄 아나, 네 나름의 자신이 있을 테니 얘기나 해 보아라."

안회가 말했다.

"외모를 단정히 하고, 마음을 겸허히 지니고, 뜻을 굳게 세워 언어를 한 길로 모으면 되지 않겠습니까?"

"아니, 어찌 된단 말인가? 위왕의 내심에는 사나운 기로 충만되어 그것이 외면에도 드러나 있거늘, 희노의 변화도 무상하여 누구도 감히 위왕을 거스르게 할 수 없다. 뿐만 아니라 그는 남의 간청도 억압하면서, 다만 내심의 만족만을 방종스럽게 추구하고 있다. 때문에 이런 사람은 날마다 조금씩 작은 덕으로 감화시켜도 되지 않거늘, 하물며 갑자기 큰 덕으로 그 같은 사람을 감화시킬 수 있겠는가? 그는 반드시 고집스러워 조금도 감화를 받지 않을 것이며, 만약 그가 남들의 충언을 듣는다면 겉으로만 들은 체할 뿐 속으로는 거들떠보지도 않을 테니, 도대체 어떻게 감화시킨단 말인가?"

안회가 다시 말했다.

"그러면 저는 이렇게 하겠습니다. 마음은 곧게 하되 겉으로는 완곡하게 하면서 충언을 드릴 때에는 옛 분들의 예를 인용해 보겠습니다. 마음속이 곧은 사람은 하늘과 같은 무리가 될 것입니다. 하늘과 같은 무리가 된다는 것은 군왕도 저도 귀천 없이 다 같이 하늘의 아들임을 알게 되는 것이니, 자기 말이 남에게 칭찬을 받든가 아니면 비난을 받든가를 아랑곳없이 여기는 것입니다. 이렇게 하면 사람들은 저를 어린아이라고 부를 것이며, 저는 곧 하늘과 같은 무리의 사람이 될 것입니다. 겉으로 완곡함은 남에게 호감을 얻어 남들과 한 무리가 될 것입니다.

손 모아 무릎을 꿇든지, 허리를 굽히는 것은 신하가 된 사람의 예의입니다. 남들이 모두 그렇게 하거늘, 저인들 하지 않을 도리가 있겠습니까? 남들이 하는 일을 저도 한다면, 남들은 결코 저를 미워하지는 않을 것입니다. 이것이 곧 남들과 한 무리가 되는 길입니다.

충언을 드릴 때, 옛 분들의 예를 인용하면서 자기 의견을 말하는 것은, 또한 옛사람들의 교훈이라 할지라도 사실상 지금의 군왕을 꾸짖는 것이니, 그 말 자체는 옛사람의 것이니, 결코 제 것이 아닙니다.

그렇다면 언어가 비록 곧을지라도 걱정을 끼칠 일은 없을 것입니다. 이것을 곧 옛사람과 같은 무리가 되는 일이라고 합니다. 이 방법이 어떻습니까?"

공자가 말했다.

"아니, 그것도 안 되는 말이다. 너는 남을 바로잡는 말이 너무 많아서 친근해질 수가 없을 것이다! 네 말이 비록 법도에는 맞지만, 너무 번잡스러워 마땅치가 않다. 비록 소견은 고루하지만 벌은 받지 않겠지. 하지만 겨우 거기에 그치고 말 것이다! 어찌 감화를 줄 수 있겠느냐? 너는 아직도 자기만의 분별에 매달려 있을 뿐이다!"

마음을
비워야 한다

안회가 공자께 다시 여쭈었다.

"저로서는 더 이상 어찌할 길이 없습니다. 무슨 좋은 방법이라도 있습니까?"

공자가 말했다.

"먼저 재계를 한다면 말해 주겠다. 너처럼 사심을 가지고 인위적인 생각으로 남을 감화시키려면 잘되겠느냐! 잘된다고 여기는 사람은 하늘도 마땅치 않게 여길 것이다!"

안회가 다시 말을 이었다.

"제 집은 본디 가난하여 술도 안 마셨고, 파·마늘 따위의 매운 것을 먹어 본 지도 몇 달이 되었습니다. 이런 것으로는 재계했다고 볼 수 없습니까?"

"그것은 제사 지낼 때의 재계일 뿐, 마음의 재계는 아니다."

안회가 다시 물었다.

"마음의 재계란 어떻게 하는 것입니까?"

"먼저 네 마음을 다른 잡념 없이 순수하게 가져라! 귀로 듣지 말고 마음으로 들어라. 그리고 마음으로도 듣지 말고 기(氣)로 들어라. 귀는 소리를 들을 뿐이며, 마음은 사물을 영합할 뿐이기도 한다. 그러나 기는 공허한 것이면서도 모든 사물을 용납하기도 한다. 도는 오직 이 공허한, 텅 빈 곳에 모이게 마련이다. 텅 비게 하는 것이 마음의 재계인 것이다."

안회가 다시 말했다.

"제가 마음의 재계를 미처 몰랐을 때에는 제가 안회임을 의식하였으나, 마음의 재계를 알고 난 뒤로는 제가 안회임을 다시는 의식할 수 없습니다. 이제는 '텅 빈, 공허한 심지'라고 말할 수 있겠습니까?"

자기의 주관과
지혜를 버려라

공자가 차근하게 대답했다.

"마음의 재계는 이렇게 묘한 것이다. 좀 더 얘기해 주겠다. 네가 만일 위나라 국경에 뛰어들면, 명성 같은 데에는 도시 마음이 없음을 알려 위왕을 감동시켜야 한다. 그리고 위왕이 네 말을 들으려 할 때에는 네가 말하고, 네 말을 들으려 하지 않을 때에는 말하지 말아야 한다. 사물에 대하여 태연자약하고, 천하에 편안히 몸을 맡기고, 그렇게 자연의 추세에 순응하여 마음을 한 도(道)에 정착시키고 있다가 부득불한 경우에만 말을 한다면 거의 완벽한 것이라 할 수 있겠다.

그것은 마치 길에 나서지 않는 것은 쉬운 일이나, 길을 다니면서도 흔적을 남기지 않는 것은 어려운 것과 같다. 자기가 남의 부림을 받았을 때, 그 사람을 속이기는 쉬우나, 하늘의 부림을 받았을 때, 하늘을 속이기는 어렵다.

날개 있는 짐승이 하늘을 난다는 것은 익히 들은 바 있지만, 날개 없는 짐승이 하늘을 난다는 것은 들은 바가 없다. 마찬가지로 지혜를 가진 사람이 사리에 밝다는 말은 들은 바 있지만, 지혜 없는 사람이 사리에 밝다는 말은 들은 적이 없을 것이다.

저 텅 빈 방을 보아라. 거기에는 햇빛이 가득하고, 또 거기 한적한 곳에는 행운이 머무르고 있다. 만일 마음의 세계가 조용하지 못하다면, 그것은 형체만 거기에 앉아 있는 것일 뿐, 마음은 어디로 피곤하게 줄달음치고 있는 것이라고 말할 수 있다.

귀와 눈으로 하여금 마음에 내통케 하고, 자기의 주관과 지혜를 버린다면, 귀신도 찾아와 그에게 머물게 할 것이다. 하물며 사람이야 말할 것이 있겠느냐?

이는 바로 만물까지 감화시킨 것이니, 우임금이나 순임금도 처세의 근본으로 삼았던 것이며, 복희나 궤거 같은 어진 제왕도 평생토록 실행했던 길인 것이다. 하물며 평범한 사람이야 감화받지 않을 수 있겠느냐 말이다."

상대의 성질을
간파해야 한다

안합이 위나라 영공의 태자 스승이 되자, 거백옥에게 물었다.

"지금 여기에 어떤 사람이 있는데 그의 덕은 천성적으로 매우 흉험하기 그지없습니다. 만일 그와 한데 어울려 나쁜 짓을 한다면 나라가 위태로울 것이고, 그를 타일러 좋은 일을 하도록 한다면 도리어 제 몸이 위태롭습니다. 그의 지혜는 남의 과실을 꾸짖기에는 족하지만, 자기 과실을 찾아 낼 줄을 모릅니다. 이런 사람을 저는 어떻게 교화해야 됩니까?"

거백옥이 말했다.

"좋은 질문입니다. 선생이 먼저 조심하고 삼가하여 선생의 몸을 바르게 하십시오! 겉으로 가깝게 응대하고, 속으로도 온순하게 대하면 그것이 제일 좋은 방법입니다. 그러나 이 두 가지에도 결점이 있습니다. 겉으로 친절히 하면서도 굴복하지 말고, 속으로 온순히 하면서도 그것을 드러내지 말아야 합니다.

겉으로 친절히 하면서 상대에게 굴복해 버리면, 자기를 위태롭게 하여 결국은 무너져 버리고, 속으로 온순히 하면서 그것을 드러내 버리면, 자기의 명성을 올리는 결과가 되어 드디어는 상대의 미움을 받아 재앙으로 변하고 맙니다.

만일 그가 갓난애가 된다면, 선생도 따라서 갓난애의 행세를 해야 됩니다. 그가 행동에 법도를 지키지 않는다면, 선생도 따라서 법도를 지키지 말아야 합니다. 또 그가 방자히 굴면, 따라서 방자히 굴면 되는 것입니다. 우선은 그의 뜻대로 놀게 하면서 점점 올바른 길로 끌어올리는 것이 옳습니다."

거백옥이 계속하여 말을 이었다.

"선생은 미얀마재비(사마귀)를 본 적이 있습니까?

그놈은 두 팔을 활짝 벌리고 커다란 수레바퀴에 곧잘 덤벼듭니다. 그놈은 자기 힘으로는 도저히 당해낼 수 없다는 것을 모르고 오히려 제 재주가 꽤 있는 줄로 믿고 있습니다. 이런 일은 조심하고 삼가야 합니다. 자기의 재주를 너무 믿어 남을 업신여긴다면, 이는 위험한 일입니다.

선생은 호랑이를 키우는 자에 대해서 알고 있습니까?

그는 산 짐승을 먹이로 주지 않을 겁니다. 그것은 호랑이가 산 짐승을 죽이는 중에 생겨날 노여움 때문입니다. 또 그는 먹이를 통째로 주지 않을 겁니다. 그것은 호랑이가 먹이를 찢는 사이에 생겨날 노여움 때문입니다. 먹이를 줄 적에는 잘 맞추어야 합니다. 호랑이가 배가 고픈지 배가 부른지를 잘 살피고, 호랑이가 기뻐할지 화낼지를 알아서 다스려야 합니다. 호랑이와 사람이 비록 종류는 다르지만, 사람이 호랑이의 성질을 맞추어 주면, 호랑이도 사람에게 순종하는 법입니다. 그러기에 호랑이가 사람을 해치는 것은, 바로 사람이 호랑이 성질을 거스른 까닭입니다.

무릇 말을 사랑하는 사람은 광주리에 말의 똥을 받고 대야에 말의 오줌을 담습니다. 비록 그렇게 성의를 다하지만, 어쩌다가 모기나 빈대가 말에 붙으면, 갑자기 이를 때리기 때문에, 말은 당장에 놀라 굴레를 던지고 고삐를 끊어, 사람은 드디어 머리가 깨지고 가슴이 부서지는 참극을 빚고 맙니다. 소중한 마음을 갖고 있으면서도 결국은 사랑하는 것을 잃고 마니, 어찌 조심하지 않을 수 있겠습니까?"

자기 생명을
보존하는 방법

장석이란 목수가 제나라에 가다가 곡원이란 고을에 이르렀다. 길가의 토지사(토지신에게 제사 지내는 곳)에 굴참나무가 있었는데, 어찌나 큰지 몇 마리의 소가 그늘 아래 쉴 수 있을 만큼 둘레가 백 아름쯤 헤아렸고, 높이도 산만큼이나 높아 열 길이나 위로 가지가 뻗었으니, 그 가지를 목재로 배를 만든다면 오히려 열 척도 만들 수 있었다.

이쯤 되니 구경꾼들이 저잣거리처럼 몰려들었다. 그러나 장석은 아랑곳없이 그 나무를 지나쳐 버렸다. 동행하던 제자가 뒤늦게 장석을 쫓아와서 물었다.

"제가 도끼를 잡고 선생님께 목공을 배운 이래로 이렇게 좋은 목재는 본 일이 없습니다. 그런데 선생님은 못 본 체하고 가시는 것은 무슨 까닭입니까?"

"그만두어라! 쓸데없는 소리! 그것은 쓸모없는 나무다. 배를 만들면 가라앉을 것이요, 관을 만들면 쉽게 썩을 것이요, 기구를 만들면 금시 깨질 것이요, 문을 만들면 진이 흐를 것이요, 기둥을 만들면 좀에 먹힐 것이니, 아무 쓸모없는 나무다. 하기야 아무 쓸모없는 까닭에 이만큼 오래 살게 된 것이다."

장석이 집에 돌아오니, 토지사의 굴참나무가 꿈에 나타나 말했다.

"너는 장차 나를 무엇에 비교하겠는가? 나를 쓸모 있는 나무에 비교할 셈인가? 저 아가위·돌배·귤·유자 등의 과일이 열리는 나무나 풋과일 따위는 열매가 익으면 따게 되고 딸 때에는 욕을 당하게 된다. 그러자니 큰 가지는 부러지고 작은 가지는 휘어지게 마련이다. 이들은 쓸모 있는 재료가 되었기에 오히려 자기 목숨에 괴롭힘을 당하게 된 것이다. 그렇기 때문에 타고난 목숨대로 끝까지 살지 못한 채 중도에서 요절한 것이고, 스스로 세속의 타격을 불러들인 편이 된 것이다. 세상만사가 모두 이런 것이다.

내가 쓸모없는 물건이 되려고 애써온 지는 벌써 오래된 일이다. 그러나 더러는 내가 쓸모없는 줄을 모르고 덤비려는 사람 때문에 자칫하면 죽을 뻔했었다. 그러나 이제야 모처럼 너 같은 사람을 만나 내가 쓸모없다는 말을 들으니, 정말 내가 뜻대로 되어 무용(無用)이 대용(大用)의 존재가 된 것이다. 내가 만약 사람들에게 쓸모가 있었던들, 이렇게 크게 자라지는 못했을 것이다.

그리고 너나 나는 다 같이 만물 중의 한 가지일 뿐인데 어째서 나만을 물건으로 보려 하는가, 더구나 거의 죽음에 가까운 너 따위 쓸모없는 사람이 어찌 내가 쓸모없는 나무인 줄을 알 수 있겠는가?"

장석이 꿈에서 깨어나 그 제자에게 꿈 이야기를 하였다.

제자의 말이었다.

"쓸모없는 것을 원하면서, 하필이면 토지사를 지키는 굴참나무가 된 것은 무슨 까닭일까요?"

"입을 다물어라! 함부로 말하지 말아라! 저 나무는 다만 제단의 나무란 명목을 빌려 있을 뿐이다. 사람들이 멋대로 그를 욕질하는 것은, 그가 쓸모없는 나무였기에 그런지도 모른다. 그리고 만일 제단의 나무로 태어나지 않았다 해도 어찌 사람의 손에 베어질 염려가 있을까 보냐?

그가 자기 생명을 보전하는 방법은 범속한 나무와는 아주 다른 것이다. 그는 곧 무용(無用)으로 보존한 것이다. 그런데 그 나무가 제단의 나무가 된 것을 영예로 생각한다면, 그것은 굴참나무의 본뜻에서 아주 먼 것이다."

삶을 보전하는
가장 좋은 길

남백자기가 상구를 여행할 때 큰 나무 한 그루가 유별난 것을 보았다. 천 대의 네 필 말 수레(4천 마리)를 한 곳에 매어 놓아도 그 그늘에 덮여 보이지 않을 정도였다.

"이것은 무슨 나무일까? 반드시 좋은 목재로 쓰일 것이다!"

우러러 그 잔가지를 살피니, 모두 꼬불꼬불하여 기둥이나 대들보로는 쓸 수 없었고, 머리 숙여 뿌리를 보았더니, 이리 꼬불 저리 꼬불한 데다 속조차 비어 관목으로도 쓸 수 없었다. 또 그 잎을 핥아 보았더니, 입이 부르트고, 냄새를 맡았더니만, 술에 취한 듯 혼취되어 사흘 동안 깨어나지 않을 성도로 고약했다.

자기가 말했다.

"역시 목재가 되지 않는 나무였기에 이렇게 클 수 있었구나. 그러면 신인(神人)도 쓸모없기에 그의 천명을 있는 대로 누릴 수 있었던 것이로구나!"

쓸모 있기에
당하는 환난

송나라에 형씨라는 마을이 있었는데, 그곳에는 개오동나무와 잣나무, 그리고 뽕나무가 잘 자랐다.

한 아름이나 두 아름 되는 나무는 원숭이 말뚝 감으로 잘라 갔다. 세 아름이나 네 아름쯤 되는 것은 호화스런 저택의 대들보로 베어 가고, 일곱 아름이나 여덟 아름쯤이나 큰 것은 귀인이나 돈 많은 상인들 집에서 관을 만들 재목을 찾는 사람들이 잘라갔다. 그러므로 이들은 하늘의 수명을 다하지 못한 채 중도에 도끼날에 요절되고 말았으니, 이는 쓸모 있기에 당한 환난인 것이다.

그런데 옛적부터 해제 때 이마에 흰 털이 난 소나, 코가 위로 올라가 덜렁한 돼지는 제물로 제사 때 쓰이지 않았다. 그것은 제사를 관장하는 무당이나 제사장이 그것들이 제사 지내는 데 불길함을 잘 알고 있기 때문이다. 그러나 신인(神人)들은 그것들을 아주 상서로운 것으로 여기고 있다.

부끄럼 없는
타고난 삶

지리소란 사람이 있었다.

턱이 배꼽까지 내려왔고 어깨는 머리보다 위쪽으로 불쑥 내밀었다. 목 뒤쪽의 상투는 뾰족하여 하늘로 치켜 올렸는데 오장은 머리 위에 붙어 있고, 허리는 두 넓적다리에 끼어 있는 몰골이 사나운 꼽추였다.

그렇지만 바느질이나 빨래질로 입에 풀칠하기에 어렵지 않았고, 키질을 할라치면 열 식구도 먹여 살릴 수 있었다.

나라에서 징병할 때에는 팔을 휘두르면서 한가하게 노닐었고, 나라에서 부역을 명할 때엔, 병신이라서 면제를 받을 뿐 아니라, 나라에서 병자에게 구호미를 줄 때면, 많은 쌀과 열 단의 나무를 받게 되었다.

이같이 외모가 불구인 자가 오히려 걱정 없이 그 몸을 보양하여 천명대로 살 수 있거늘, 하물며 지혜를 버리고 소박함과 천진난만함으로 되돌아간다면 도에 가까워질 수 있는 것이다.

어지러운 세상 구하고자

공자가 초나라에 갔을 때, 그 땅의 광인(狂人)인 접여가 객사 문 앞을 지나면서 한마디 했다.

"봉황새(여기서는 공자를 지칭함)야, 봉황새야. 너의 덕망 쇠했구나.

오는 세상 뉘라 알고, 흐른 세월 뉘라 좇겠나.

천하태평 올바른 도가 행해지면 성인 나와 다스렸고,

천하 풍우 올바른 도가 행해지지 않으면 몸을 숨겨 보전했네!

지금이야 조심조심, 형벌이나 면해 보세.

행복이란 깃털보다 가벼운데 어이타 가져갈 줄 모르고,

불행이란 땅보다 무거운데 어이타 피할 줄을 모르는가?

아서라, 번거롭네!

덕을 사람들에게 내세우는 일! 위태롭고, 위태롭다!

예의 지켜 나가는 일, 여기저기 가시밭길! 내 갈 길을 그르치지 말게!

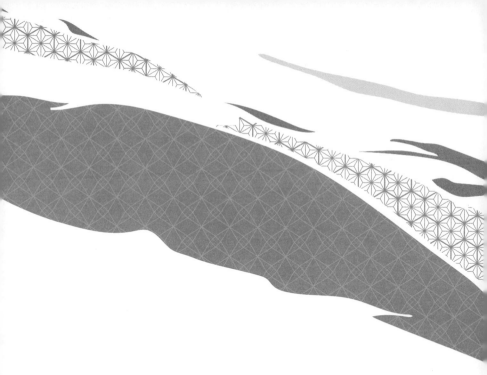

이리저리 돌고 돌아 나의 발을 다치지 않게 하라.

산의 나무는 스스로 자라 베어지게 되고, 기름덩이는 더러 불길을 불러 스스로 몸을 태운다.

계수나무는 먹이가 되기에 베이고, 옻나무는 칠하는 데 쓰이기에 껍질이 벗겨진다.

사람들은 모두 유용한 것의 쓰임을 알면서도 무용(無用)한 것의 쓰임은 아무도 모르고 있다."

올바른
마음가짐

노나라에 형벌로 발 하나를 잘린 왕태란 사람이 있었다. 그런데도 그를 따라 배우는 사람의 수가 공자를 따르는 사람들만큼이나 많았다.

상계가 공자에게 물었다.

"왕태는 외발 병신입니다. 그런데 제자의 수효는 선생님의 제자와 더불어 각각 노나라의 절반을 차지하고 있습니다. 그는 평상시 서서 학문을 가르치지도 않거니와 앉아서 학문을 논하지도 않습니다. 그러나 그에게 공부하는 제자들이 갈 때는 텅 빈 머리로 비어 있었지만, 올 때는 무언가 꽉 차서 돌아옵니다. 그는 비록 언어로써 가르치거나 형식을 갖추는 일이 없지만, 마음속의 덕으로 감화시키고 있는 것입니까? 도대체 어떤 사람입니까?"

공자가 말했다.

"그분은 성인입니다. 저 역시도 바로 가려고 했지만, 지금껏 가지 못하고 있습니다. 저도 그분을 선생으로 삼고 싶은데 하물며 저보다 못한 사람이야 말할 것 있겠습니까? 어찌 노나라 한 나라에만 그치겠습니까? 저는 천하 사람들을 이끌고 가서 그를 따라 배우려 하고 있습니다.”

상계가 또 물었다.

“그는 외발 병신입니다. 그런데도 선생님보다 훌륭하다면 보통사람에 비해서 뛰어난 모양입니다. 그렇다면 그분은 마음가짐을 어떻게 하고 있을까요?”

“삶과 죽음은 큰일이라 볼 수 있습니다. 그러나 그 삶과 죽음도 그를 동요시킬 수 없습니다. 비록 하늘과 땅이 뒤엎어진다 해도 그를 멸망시킬 수는 없을 것입니다. 그는 자기에게 과실이 없는 것을 알기 때문에 다만 자연의 변화에 몸을 맡길 뿐이요, 또한 자연의 변화를 천명으로 알고 따르면서 그의 근본을 지키는 분인 것입니다.”

“무슨 말씀입니까?”

“자연 만물을 관찰할 때, 서로 다른 차별적인 입장에서 본다면, 간과 쓸개도 초나라와 월나라처럼 먼 것이고, 다시 서로 같은 입장에서 본다면, 만물은 모두 한 덩이로 되어 있는 것입니다. 이처럼 만물을 하나로 보는 사람은 귀와 눈으로 시비와 선악을 가리지 않고, 마음을 덕의 조화에다 맡기고 거기서 노닐고 있는 것입니다. 만물을 한결같이 완전한 것만을 하나로 보기 때문에 그 일부의 소멸 현상에는 개의치 않습니다. 결국 자기의 잃어버린 외쪽 발을 마치 한 줌 흙을 버린 것처럼 여기고 있는 것입니다.”

상계가 다시 물었다.

“그는 다만 자기 자신만을 위하고 있습니다. 그는 자기의 지혜로 자기의 마음을 얻었으며, 자기 마음으로밖에 의존함에 없이 고금의 영원한 이치를 깨달았거늘, 사람들은 왜 그에게 모여드는 것입니까?"

공자가 말했다.

"사람들은 흐르는 물에 자기의 그림자를 비추려 하지 않고, 정지된 수면에 자기를 비추고 있습니다. 오직 정지된 수면이라야 능히 사람을 멈추게 할 수 있고, 사람은 스스로 멈추게 되는 것입니다.

나무들은 땅에서 생명을 받고 있습니다. 그중에는 오직 소나무와 잣나무만이 올바를 뿐이라서 겨울이나 여름이나 사철 푸르고, 사람은 하늘에서 생명을 받았나니, 그중에는 오직 순임금만이 하늘의 올바른 성정을 타고나서, 그 성정으로 중생을 올바르게 이끌어 왔습니다.

이처럼 타고난 천성을 지키고 있는 증거는 바로 아무것에도 두려워하지 않는 용기에서 볼 수 있습니다. 용감한 사람은 혼자라도 천군만마의 속으로 돌진해 들어갈 수 있습니다.

장수가 공명을 얻으려면 이같이 삶과 죽음의 문턱을 뛰어넘을 수 있어야 합니다. 하물며 천지를 주재하고 만물을 내 품에 안으며 사지육신을 잠시 쉬었다 가는 나그네집이라 생각하고, 이목은 있어도 그만, 없어도 그만 하는 허수아비로 생각하고, 지혜를 통하여 보이는 모든 현상을 하나로 순화시킬 때, 그 마음에는 죽음과 삶의 분별이 없을 테니 다시 무엇이 두렵겠습니까?

그도 언젠가 죽음의 날을 골라, 하늘의 세계로 떠나갈 것이고, 사람들은 그를 따를 것입니다. 그가 또한 어찌 사물로써 자기 일을 삼으려 하겠습니까?"

정신적인 세계와
육체의 세계

신도가는 형벌로 한 발을 잘린 병신이었다. 그는 정자산과 함께 백혼무인의 제자였었다. 그러나 정자산은 신도가와 동행하는 것이 싫은 나머지 신도가에게 말했다.

"내가 앞장서 가면 자네는 뒤로 머물러 있고, 자네가 앞장서 가면 내가 뒤로 머물러 있기로 하세."

이튿날 두 사람은 다시 한자리에 앉게 되었을 때, 정자산이 신도가에게 말했다.

"내가 앞장서 가면 자네는 뒤로 머물러 있고, 자네가 앞장서 가면 내가 뒤로 머물러 있겠네. 내가 지금 외출할 텐데 사네가 뒤로 머물러 있겠나? 어쩔 텐가? 자네는 나라의 재상인 나를 보고도 길을 비켜주지 않는데, 자네는 이 재상과 어깨를 나란히 해볼 심산인가?"

신도가가 대답했다.

"우리 스승의 문하에 재상이랍시고 이렇게 오만한 사람이 있단 말입니까? 선생은 선생이 재상임을 그렇게 득의만만하게 여기면서 남을 모두 뒷전에 몰아 얕보고 있습니다. 이런 말이 있습니다. '거울이 너무 반질하면 먼지가 앉지 않으며, 먼지가 앉으면 흐려지고 만다.' 사람도 어진 사람과 오래 사귀면 저절로 허물이 없게 됩니다. 지금 선생이 크게 배우려는 것은 우리 스승의 덕이거늘, 아직도 그 같은 말을 하는 것은 잘못이 아니겠습니까?"

정자산이 말했다.

"자네가 병신 된 주제에 나 같은 사람과 어깨를 겨눌 뿐 아니라, 요임금 같은 성인하고도 그 선행을 견주려 하니, 자네의 덕을 자네 스스로 헤아려보면, 무슨 과실 때문에 그런 형벌을 받았는지 아직도 반성할 줄 모르는가?"

신도가가 대답하였다.

"사람이란 자기의 과실을 변명하면서 발을 잘릴 만큼 잘못하지 않았다고 여기는 사람은 많으나, 자기의 과실을 묵인하면서 발을 잘릴 만큼 잘못했다고 여기는 사람은 아주 드뭅니다. 무릇 사람의 힘으로는 어쩔 수 없음을 알고 운명을 순종하는 것은 오직 덕이 있는 사람만이 할 수 있는 일입니다. 그것은 예라는 명궁의 활 사정거리 안에 노니는 거와 같습니다. 그 가운데 있으면 화살에 맞는 것이오. 그 화살에 맞지 않는다는 것은 운명이라 할 수밖에 없습니다.

모든 사람들은 두 개의 발이 온전타고 해서 나 같은 외짝 발을 비웃는 자가 많습니다. 나는 그럴 때마다 분이 왈칵 치밀어 견딜 수 없었지만, 선생님 계신 곳으로 오면 그것을 온전히 잊고 돌아올 수 있었습니다. 이는 바로 선생님의 고매한 선도를 받은 게 아니겠습니까? 내가 선생님을 모셔 학문을 닦은 지 어언 19년이 되었습니다만, 선생님께서는 아직도 내가 외짝 병신임을 모르고 계십니다. 나와 선생 사이에도 마땅히 정신적인 세계에서 의좋게 지내야 하거늘, 선생은 나를 육체의 세계에서 무엇을 찾으려 하니 과실이 아니겠습니까?"

정자산은 부끄러운 듯 얼굴을 붉히며 몸을 바로잡고 말했다.

"자! 그만 말하게!"

자신을 드러내지
말아야 한다

노나라에도 형벌로 다리를 잘린 또 하나의 외발 병신인 숙산무지란 사람이 있어 항상 공자를 뵈러 왔었다. 공자가 말했다.

"자네는 품행을 삼가지 않았기에 이런 형벌을 받고 병신이 된 걸세. 이제 나를 찾아온들 이미 때는 늦은 걸세."

무지가 말했다.

"저는 세상에서 해야 할 일을 모르고 거기다가 제 몸을 함부로 했기 때문에 발을 잘린 것입니다. 지금 제가 찾아온 것은 발보다 더 존귀한 것을 가지고 있기 때문에 그것을 보전하고자 애쓰려는 것입니다. 무릇 천지는 만물에 대하여 모든 것을 덮어 주고 실어 주면서 포용하고 있습니다. 저는 선생님께서 천지와 같이 모든 것을 포용하고 계신 줄 알았더니, 어찌 선생님께서 이렇게 말씀하실 줄이야 생각했겠습니까?"

공자가 말했다.

"아! 내가 고루했구려! 선생, 왜 들어오시지 않습니까? 들어오셔서 선생의 들은 바를 가르쳐 주시지요."

그러나 숙산무지는 그 길로 가 버렸다. 공자는 제자들에게 이 말을 들려주었다.

"너희들도 공부에 힘써라. 숙산무지는 외발 병신인데도 공부를 열심히 하여 옛날의 잘못된 행동을 다시 보충하려 하거늘, 하물며 너희처럼 외형과 내덕을 겸비한 사람들이야 말할 것 있겠느냐?"

숙산무지는 이를 노자에게 알렸다.

"공자가 덕이 높은 사람이 되기에는 아직도 멀었더군요. 그는 왜 명성을 구하듯 학생들을 가르치고, 또 괴상한 명성을 천하에 알리려고 합니까? 그는 그런 명성을 자기의 속박으로 생각하는 사실을 모르고 있는 듯합니다."

노자가 말했다.

"그럼 자네는 왜 삶과 죽음을 한 가지로 여기게 하고, 가한 것과 불가한 것이 같은 종류임을 깨닫게 하지 않았나? 그의 질곡을 풀어주는 일은 가능한 일이라네!"

숙산무지가 말했다.

"이런 속박은 하늘이 베푼 형벌입니다. 어찌 인력으로 풀 수 있겠습니까?"

덕을 밖으로
나타내지 않는 인물

노나라 애공이 공자에게 물었다.

"위나라에 애태타라는 추남이 있었는데 남자들도 그와 더불어 생활하게 되면 떠나기를 싫어할 정도로 사모하거니와, 그를 본 여인네들은 자기 부모에게 '남의 아내가 되기보다는 차라리 그 추남의 첩이 되겠노라.'고 애걸한다니, 그것도 수십 명이 더 된다 합니다.

그런 사람이거늘, 그가 일찍이 무엇을 제창한 적은 없고, 다만 남의 의견에 동조할 따름이었다더군요. 그런가 하면 죽었다는 사람을 건져 줄 만한 군왕의 지위가 있는 것도 아니요, 남을 배부르게 할 만큼 재산을 모아 둔 것도 아니랍니다. 다만 추한 얼굴은 온 천하 사람들을 놀라게 하고 있습니다.

그 인격만 해도 겨우 남들께 동조할 뿐 무엇 한 가지 앞장설 수 없거니와, 그 지식이라야 겨우 이 나라에서만 들썩거릴 뿐인데 남자는 남자대로, 여자는 여자대로 그 문전을 메우고 그에게는 무엇인가 비범한 데가 있는 게 아닐까요?

그래서 나는 그를 불러 만난 일이 있습니다. 과연 천하가 놀랄 만큼 추하더군요. 나와 같이 생활한 지 한 달이 안 되어 나는 그의 사람됨에 재미를 붙였고 일 년이 못 되어 그를 믿게 되었습니다.

그때 나라에는 재상자리가 비었기로, 나는 그에게 국정을 맡기려 했었습니다. 그러나 그는 조금도 개의치 않았고, 또한 받아들일 뜻이 엿보이지 않았는가 하면, 그것을 마음에 두지도 않은 채 거절하는 듯하여 내가 부끄러웠습니다.

결국에는 그에게 나라를 맡기기는 했으나, 얼마 안 되어 그는 나를 버리고 멀리 떠나갔습니다. 나는 시름에 찬 채로 마치 무엇을 잃은 듯이 허전했고, 이 나라 안에 나와 같이 즐길 수 있는 사람은 다시 찾을 수 없는 것만 같았습니다. 대체 그는 어찌 된 사람일까요?"

공자가 말했다.

"제가 일찍이 초나라에 사신으로 간 적이 있었습니다. 그때 돼지 새끼가 죽은 어미젖을 빨고 있는 것을 보았습니다. 얼마 있자, 그 새끼들은 깜짝 놀라 어미를 버리고 도망쳤습니다. 그것은 어미가 자기들을 보살펴 주지 못하고, 또한 어미 모습이 자기들과 달라지고 있다는 사실 때문일 것입니다.

새끼들이 어미를 사랑하는 것은 이미의 형체를 사랑하는 것이 아니라, 그 형체를 주재하는 정신을 사랑하는 것입니다. 그것은 마치 전쟁 중에 죽은 사람을 장사지낼 때에는 칼을 함께 묻어 주지 않습니다. 발이 잘린 사람은 신을 좋아하지 않는 것과 같으니, 곧 그 근본을 잃었기

93

때문입니다.

천자의 첩이 된 여인에게는 앞머리를 자르지 못하게 하고 귀걸이도 못 하게 합니다. 또 장가든 사람은 아내에게 바깥일을 못 하게 하며 더구나 부리는 일도 없습니다.

그들은 외형을 곱게 가꾸려고 그렇듯 마음을 쓰는데 하물며 덕을 온전히 갖추게 되면 사람들이 어찌 사모하지 않겠습니까?

애태타는 한 마디도 하지 않지만 사람들은 그를 신임하고, 공적이 없건만 사람들은 그를 따르고, 남으로 하여금 국정을 그에게 맡기려 함에 다만 맡지 않을까 걱정케 했으니, 그는 필시 재능을 완전히 갖추면서도 그 덕을 밖으로 나타내지 않는 인물일 것입니다."

만물과 조화를
이루는 덕(德)

애공이 물었다.

"재능이 완전하다 함은 무엇을 뜻합니까?"

공자가 차근차근 대답했다.

"죽음과 삶, 존재와 상실, 곤궁과 영달, 가난과 부, 현명함과 우둔함, 비방과 칭찬, 굶주림과 목마름, 추위와 더위, 이러한 것들은 모두 사물의 변화요, 운명의 실현입니다. 이들은 밤낮으로 우리 앞에 순환되고 있지만, 아무리 총명한 사람도 그 근본을 헤아릴 수는 없습니다.

때문에 다만 그 자연의 변화에 순응할 뿐, 그것으로 우리의 본성을 어지럽히거나 그것이 우리들의 정신적인 집에 침노할 수는 없습니다. 우리 마음 세계로는 그 다사로운 기류를 통하게 하여 기쁨을 잃지 말게 하고, 밤낮으로 간단없이 모든 사물을 대할 때 봄날과 같은 온화한 마음을 지녀야 합니다. 그 봄날 같은 온화한 기운이 마음속에 스며들 때, 마음에는 봄을 만난 듯 생명이 돋아날 것입니다. 이를 두고 재능이 완전하다고 말합니다."

"그러면 덕이 밖으로 나타나지 않는다 함은 무엇을 뜻합니까?"

"천하에 평탄함은 고요한 수면보다도 더한 것은 없습니다. 때문에 공평하려면, 그 평탄한 수면으로 준칙을 삼습니다. 그 수면이야말로 모든 힘을 안으로 감추면서 밖으로는 물결 하나 일으키지 않습니다.

덕이란 만물과 조화를 이루고 있는 것입니다. 덕이 밖으로 나타나지 않는다 함은, 곧 만물이 그 속에 감추어진 덕에 감동되어 차마 그 곁을 떠나려고 하지 않는 것입니다."

애공이 뒷날 그 얘기를 민자(공자의 제자)에게 말했다.

"이전에 내가 임금 자리에 있어 천하를 통치할 때, 다만 백성의 질서를 관장하고, 백성의 생사를 걱정하는 것으로 임금의 직분을 최고로 다한 것인 줄 알았습니다. 그런데 공자의 말씀을 듣고 내가 임금으로서 자격도 없고, 오히려 내 몸을 함부로 하여 나라를 망치게 하지 않았을까 걱정하고 있습니다. 나와 공자의 사이는 이미 임금과 신하의 관계가 아니라, 덕으로 사귀는 친구일 뿐입니다."

자연에 맡긴
참된 삶

혜자가 장자에게 말했다.

"사람에게는 본디 정이 없습니까?"

"그렇습니다."

혜자는 다시 물었다.

"사람에게 정이 없다면 사람이라고 부를 게 없지 않습니까?"

"음양의 도가 용모를 만들어 주고, 하늘이 그 형체를 부여했거늘, 어찌 사람이라 일컫지 못한단 말이오?"

혜자는 계속 물었다.

"기왕 사람이라 할 수 있다면, 왜 감정이 없단 말이오?"

"선생이 말하는 감정은 내가 말하는 감정과는 다르오. 내가 정이 없다고 말하는 것은 곧 사람이 좋아하고 미워하는 마음 때문에 몸을 상하지 않고, 다만 그 몸을 자연에 맡기어 억지로 생명을 늘리려고 하지 않는 것을 말함이오."

"사람이 인위적으로 생명을 다스리지 않으면 어떻게 몸을 보전할 수 있단 말이오?"

"음양의 도가 그에게 용모를 만들어 주고, 하늘이 그에게 형체를 부여해 준 바에는 이를 그대로 간직할 뿐, 좋아하고 싫어함의 갈등으로 천성을 상해서는 안 됩니다. 지금 선생은 심신을 밖으로 방황케 하여 스스로 피곤함을 저지르고 있습니다. 나무에 비겨 노래를 한다든가, 책상에 기대어 눈을 감고 사색한다든가 하는 일은 바로 선생을 고역에 몰아넣고 있는 것입니다. 하늘은 선생께 사람의 형체를 갖추어 주었건만 선생은 궤변으로 천하를 떠들썩하게 만들 뿐입니다."

지혜의 극치

자연(하늘)이 하는 일을 알고 사람이 하는 일을 아는 자는 사람으로 통달했다고 할 수 있다. 자연이 하는 일을 알아 자연을 순응하여 살 줄 알고, 사람이 하는 일을 알아 그 지혜가 미치는 양생의 도리로 지혜가 미치지 못하는 수명을 보양하면서 하늘이 부여한 수명을 다하고 중도에 요절하지 않는다면, 이는 지혜의 극치라 할 수 있다.

그러나 지혜에는 근심과 격정이 따르기 마련이다. 지혜를 운용함에는 그 대상이 있을 때 비로소 그 타당 여부를 판단하게 된다. 그 대상은 일정한 것이 아니라 무시로 변화하고 있다. 어찌 내가 자연이라 여긴 것이 인위적인 것이 아니라고 말할 수 있으며, 내가 인위적이라 여긴 것이 자연이 아니라고 말할 수 있겠는가?

참된 사람이란

하늘이 하는 일과 사람이 하는 일은 하나의 이치인 것이다. 그렇다면 반드시 참된 사람이 되어야 비로소 진정한 지혜를 갖게 된다는 말이 된다.

어떤 사람을 진인이라 하는가? 옛날의 진인(참된 사람)은 작은 일에도 거스르지 않았고, 성공을 과시하지 않았으며, 억지로 일을 획책하지도 않았다. 이런 경지에 이른 사람은 비록 하늘이 준 기회를 놓쳤다 할지라도 후회하지 않았고, 비록 일이 뜻대로 되었을지라도 자만하지 않았다.

또 높은 곳에 올라가도 두려워하지 않았고, 물에 빠진다 해도 젖지 않았고, 불더미에 떨어진다 해도 뜨거워하지 않았다. 이는 지혜(앎)가 도의 극치에 이르렀을 때 이미 세속에서 인정하는 그러한 지혜가 아님을 말해 주고 있는 것이다.

옛날의 진인은 잘 때에는 꿈을 꾸지 않았고, 깨었을 때에도 근심이

없었고, 먹을 때에는 다디단 맛을 탐내지 않았으며, 호흡은 깊고 가라
앉아 있었다. 무릇 진인의 호흡은 발뒤꿈치에 이르도록 깊이 쉬었고,
범인의 호흡은 기껏 목구멍에 무엇이 걸려 있는 듯 떠듬거리고, 욕심
이 많은 사람은 그 정신적 기능도 천박하고 우둔할 뿐이었다.

성인이라 부를 수 있는 사람

옛날의 진인은 삶을 기뻐할 줄도, 죽음을 싫어할 줄도 몰랐다. 따라서 세상에 태어나는 것을 기쁘게 여기지도 않았거니와, 저승길로 들어가는 것도 거부하지 않았다. 그저 하염없이 왔다가 하염없이 돌아갈 뿐이다.

더구나 자기 생명의 시작을 잊지도 않았고, 생명의 종말을 캐묻지도 않은 채, 얻어진 생명을 있는 대로 즐겼고, 죽음의 공포를 잊은 채 다시 자연으로 돌아갈 뿐이다. 그것은 죽음이 또 하나의 생명을 시작하기 때문이다.

이는 자기 마음으로 자연의 도를 배반하지 않고, 인위로 하늘을 이기려 하지 않는다 함이니, 이런 사람을 진인이라 부르는 것이다.

그렇게 된다면, 그런 사람의 마음속에는 걱정이 없는 채 편안하고, 따라서 그 모습도 고요하여 이마는 넓고 단정하다. 가을처럼 엄숙한가

하면 봄날처럼 따스하여 그 희로애락의 정은 춘하추동이 운행하는 것처럼 자연스레 변화와 통하고, 외부의 사물에 부딪칠 때면 그 조화를 갖게 되어 범인들은 그 극치를 알아낼 수 없는 것이다.

그러므로 성인은 전쟁을 해서 나라를 망치는 일이 있다 해도 인심을 잃는 일은 없다. 그것은 그 이로움과 혜택이 비록 후대에 베풀어진다 할지라도, 백성에게는 편애하는 마음을 쓰지 않았기 때문이며 다만 자연을 따라 전쟁을 했던 까닭이다.

또한 음악을 만드는 데 거기다 일부러 사물의 정을 통하려 하는 것은 성인이 아니며, 따라서 특별히 어느 사람을 편애하는 것은 인자(仁者)가 아니다.

아울러 억지로 기회를 노리는 것은 현인이 아니며, 이해(利害)를 한 가지로 달관할 수 없는 사람은 군자가 아니고, 명성을 좇다가 자기의 본성을 떨어뜨리는 사람은 선비가 아니다.

자기 몸을 망치고 자기의 진실을 잃어버린 사람은 세인에게 부림을 당할망정 세인을 부릴 수 없다.

누구나 언덕에
오를 수 있다

옛날의 진인은 그 행적이 사물과 조화를 이루면서도 결코 붕당을 만들지 않고, 못난 듯 모자라는 듯하지만 결코 남을 추어올리지 않으며, 그 인격이 고고한 듯하지만 결코 고집하지도 않고, 그 마음이 넓고 공허하지만 결코 부화(浮華, 겉보기만 화려하고 실속이 없다)하지 않았고, 어떤 일에도 잘 적응하여 즐거운 듯하지만 부득이한 형세를 따르고 있을 뿐이다.

부드러운 얼굴빛은 수면 위에 비치는 광채처럼 풍부하지만 끝내는 아무런 변화 없이 자기의 덕에 머무를 뿐이며, 그 덕은 넓고도 무한히 큰데다 높아서 제어할 수 없는 듯하다.

그 성덕은 길고 멀어서 마치 문을 닫은 듯 아무것도 들리지 않고 무심한 상태에서 언어조차 잊고 있는 것이다.

이런 진인이 군주에 오른다면, 형법을 자기의 본체로 삼아 자기가 주동한 것이 아니라 여길 것이며, 예의를 자기 몸의 날개로 삼아 자기가 창조한 것이 아니라 여길 것이며, 지혜는 때의 움직임으로 삼아 자기가 제창한 것이 아니라 여길 것이며, 덕은 자연의 순응으로 자기가 인도한 것이 아니라 여길 것이다.

형법으로 자기의 본체를 삼는 것은 살육으로 온 백성을 징계하기 때문에 그래도 관대하다는 말이 되며, 예의로 자기 몸의 날개를 삼는 것은 이것으로 세상을 자유로이 행동할 수 있기 때문이며, 지혜를 때의 움직임으로 삼는 것은 부득이한 움직임에 상응하여 사물에 대처하기 때문이며, 덕을 자연의 순응으로 삼는 것은 자기의 노력에 따라 모두가 그 경지에 이르기 때문이니, 이는 마치 발을 가진 사람이면 누구나 언덕에 오를 수 있는 것과 같은 것이다. 이런 일에 대하여 범인들은 진인이 수고롭게 노력해서 행하는 줄로 여기지만, 진인에 있어서는 아주 자연스러운 것이다.

진인은 피차 간 시비의 분별이 없어 좋아하는 것과 좋아하지 않는 것을 한 가지로 보고 있다. 하늘의 성지(聖智, 성인의 슬기, 뛰어난 지혜)도 마찬가지요. 범속한 정도 마찬가지다. 성지를 가져 동일하게 보는 이는 하늘과 더불어 무리가 되고 범정(凡精, 범속한 정)을 가져 피아를 가리는 이는 사람과 더불어 무리가 된다.

그러나 하늘과 사람 사이에는 누가 낫거나, 누가 못 하거나 하는 게 없이 모두 공적(空寂, 만물이 모두 실체가 없어 생각하고 분별할 것도 없음)한 점에서 마찬가지다. 이렇게 하늘과 사람을 이기고 짐을 혼용하여 그 이치를 체득한 사람을 진인이라 부르는 것이다.

죽음과 삶,
자연의 변화

죽음과 삶은 운명이요, 밤과 낮은 하늘의 운행이다.

이는 사람의 힘으로 어찌할 수 없는 물리의 이치이다. 사람들은 다만 하늘을 아버지처럼 여기면서 존경할 줄 알지만, 그 하늘보다 훨씬 높은 것을 존경할 줄 아는가? 사람들은 다만 임금의 지위를 자기보다 높다고 여겨 임금을 위하여 죽을 줄도 알지만, 임금보다 훨씬 진실한 사람을 위해 몸을 바칠 줄 아는가?

샘물이 마르자 고기들이 모두 육지에 나와 몸을 비비 꼬면서 입김을 불어대는가 하면 물거품으로 서로의 몸을 적시고 있다.

그것이 기특하지만 결코 호수에서 서로가 서로를 잊는 것처럼 좋은 것은 아니다.

마찬가지로 요임금을 칭찬하고 걸을 비난하기보다는 차라리 잘잘못을 잊은 채 선악, 삶과 죽음을 버리고 도와 하나가 된 것만 못하다.

무릇 자연은 우리에게 형체를 부여하고 삶을 주어 우리를 수고롭게 하고 있다. 늙게 만듦으로써 우리를 편안하게 해주고, 죽음으로써 편안히 쉬게 모든 것을 안배해 주었다.

그러므로 자기의 삶을 잘사는 것은 곧 자기의 죽음을 잘 맞이하는 길인 것이다.

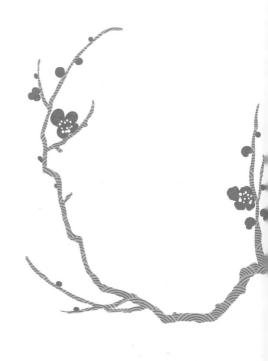

형체는 변해도
진리는 변하지 않는다

무릇 배를 골짜기에 숨겨 놓거나, 통발을 연못 속에 숨겨 둔다면, 도둑맞을 염려가 없이 든든하다고 여길 것이다. 그러나 밤중쯤 기운 센 사람이 이를 갖고 도망갈지도 모르건만, 우매한 사람은 그것을 까맣게 모르고 있다. 큰 물건을 감추었든, 작은 물건을 감추었든 적당한 곳에 감추어 두었다 할지라도, 그들에게 변화가 없을 수 없는 것이다. 그러나 천하를 천하 속에 감추어 둔다면, 그것은 영원히 도둑맞을 수 없는 것이니, 이는 영원한 진리인 것이다.

커다란 자연 속에서 사람은 겨우 사람으로서의 형체를 갖추게 된 것이지만 그 사실을 기쁘게 생각한다. 그러면 세상에서 사람처럼 형체를 갖춘 것들은 변화가 무궁하여 끝이 없는 법이다. 그렇게 변화무궁한 형체를 즐기기로 한다면, 그 즐거움은 헤아릴 수 없는 것이다.

형체는 변해도 도는 불변한 채 영원한 것이다. 때문에 성인은 아무것도 변화하지 않으면서 영원히 존재하는 경지에 노니는 것이다. 그래서 성인은 요절은 요절대로, 늙음은 늙음대로 잘 대처하며, 인생의 처음 시작하는 일에도 잘 대처하고 끝맺는 일에도 잘 대처하여 사람들이 그를 본받게 되는 것이다. 그러니, 하물며 만물과 함께 섞여 한 가지로 변화되는 본원의 도를 만물의 주재(主材)로 삼는다면 더욱 존경해야 할 것이다.

운명에
순응해야

자사, 자여, 자리, 자래 등 네 사람이 모여 말을 꺼냈다.

"이 세상에 누가 허무를 머리로 삼고, 생존을 척추로 삼고, 죽음을 꽁무니로 삼을 수 있을까? 또 누가 죽음과 삶, 생존과 멸망을 한 가지로 볼 수 있을까? 그런 사람이 있다면 우리 친구가 되겠는데……."

네 사람은 서로 마주보면서 빙그레 웃고 있었다. 그러다 마음과 마음이 서로 통하는바 있어 드디어 친구가 되었다.

그런데 얼마 후 자여가 병들어 눕자, 자사가 문병을 갔다.

자여의 말이었다.

"조물주란 거룩한 분이야! 내 몸을 비틀어서 아예 꼽추를 만들 작정이군!"

자여의 허리는 꼬불탕하여 등골이 불쑥 드러났고, 그 위로 오장(五臟)이 올라붙어 턱은 배꼽을 가리고, 어깨는 머리 위로 높아졌고, 상투는 하늘을 향해 달랑거리고 있었다. 이는 음양의 두 기운이 서로 교란을 벌이고 있는 것이다.

그러나 자여는 아무렇지도 않은 양, 태평한 채로 비척거리면서 우물가에 가더니 자기의 모습을 거기에 비추곤 했다. 그리고 탄식했다.

"아! 조물주는 기어코 내 몸을 비틀어서 꼽추로 만들었구나!"

자사가 물었다.

"자네가 꼽추된 것이 한스럽나?"

"아니, 내가 왜 원망하겠나? 가령 음양이기(陰陽二氣)가 점점 내 왼팔을 조금씩 변화시켜서 닭으로 조화시켜 준다면, 나는 그대로 닭이 되어 새벽을 알리겠고, 또 내 오른팔을 조금씩 변화시켜서 탄궁(彈弓)으로 조화시켜 준다면, 나는 그것으로 소리개를 잡아 구워 먹지. 또 내 꽁무니를 수레바퀴로 조화시켜 준다면 내 정신으로 말을 만들어 그것을 타고 돌아다닐 수 있거늘, 어찌 달리 수레에 말을 맬 필요가 있겠나?

무릇 세상에 태어난다는 것은 그 시기에 순응한 것이요, 죽는다는 것도 천명에 순응하는 것이네. 시간의 흐름에 몸을 맡기고 운명에 순응한다면, 슬픔이나 기쁨도 내 가슴을 비집고 들어올 수 없는 거야. 옛 사람은 이를 속박에서 해방되는 것이라고 했었네. 그런데도 그 속박에서 해방되지 않는다면, 외부의 사물에 속박당한 때문일세. 그러나 인력은 천명을 못 이긴다는 것이 오래된 진리이거늘, 내 형체가 이렇다고 무엇을 감히 원망하겠는가?"

얼마 후 자래가 병이 걸려 숨이 가빠지자 그 처자들은 그를 둘러싸고 울었다. 이때 자리가 문병 와서 말을 꺼냈다.

"에잇! 저리들 가시오, 조물주의 변화를 슬퍼할 것 없소!"

그리고 자리는 문턱에 기대어 자래에게 말했다.

"여보게! 조물주는 위대하시네. 자네를 무엇으로 만들 셈일까? 그리고 어디로 데리고 갈 셈일까? 자네를 쥐의 간으로 만들 셈일까? 아니면 벌레의 날개로 만들 셈일까? 기다려 보게!"

자래가 말했다.

"부모가 자식에게 어디로 가라고 명령한다면, 동서남북을 가릴 것 없이 그 명령을 받들어야 하네. 음양의 두 기운이 사람에게 내리는 명령은 부모가 자식에게 하는 것보다 더 엄중한 걸세. 조물주가 나를 죽어라 하는데 내가 거역한다면, 나는 사나운 놈이 될 뿐 조물주에게는 무슨 죄가 있겠는가?

무릇 자연은 나에게 형체를 부여하여 살게 함으로써 나를 수고롭게 하고 늙어서는 편안하게, 죽었을 적에는 쉽게 안배해 주었네. 그러므로 자기의 삶을 잘사는 것이 곧 자기의 죽음을 잘 맞이하는 것이라네.

만약 이런 일이 있으면 어떻겠나? 지금 대장장이가 쇠를 달구는데 쇠란 놈이 발딱발딱 뛰면서 '나를 보검으로 만들어 주시오.'라고 말했다면, 대장장이는 틀림없이 상서롭지 않은 쇠라고 생각할 것이네. 마찬가지로 이제 사람의 형체를 타고나서 조물주에게, '나를 사람으로 있게 해주시오, 나를 사람으로 있게 해주시오.' 하고 요청한다면, 조물주는 반드시 상서롭지 않은 사람으로 알 것 아닌가?

이제 천지를 큰 용광로라 생각하고, 조물주를 대장장이로 본다면, 죽은 뒤 어디로 가게 된들 안 될 곳이 있겠나? 죽음이 닥치면 한가롭게 깜빡 잠들 듯이 눈을 감을지며, 삶이 닥치면 놀란 듯 문득 눈을 떠야 하네! 삶과 죽음은 꿈같은 게 아닌가?"

물고기는 물속에서
노닐어야 한다

자상호, 맹자반, 자금장 등 세 사람(공자의 제자 이름을 변형시킨 가상적인
인물)이 서로 어울려 벗하고 있었는데, 그중 한 사람이 말했다.

"서로 관계를 갖고 있으면서도 그 연락하는 흔적을 드러내지 않고,
서로 협조하면서도 협조하지 않은 듯 자연에 맡겨 버릴 사람이 있겠
는가? 또 높이 하늘 언저리에 올라 안개 속에 노닐면서 자연의 천리를
따라 무궁한 경지에 맴돌며, 유한한 생명을 잊고 죽음까지도 잊어버릴
사람이 있겠는가?"

세 사람은 서로 마주보면서 빙그레 웃었다. 어느새 마음과 마음에
통하는 바 있어 친구가 되었다.

얼마 안 있어 자상호가 죽었다. 미처 장사를 마치기 전에 공자는 그
의 제자 자공을 보내 상사를 돌보게 했다. 가서 보니 맹자반과 자금장
두 친구는 누에 발을 짜기도 하고 거문고를 뜯기도 하면서 서로 노래

를 부르고 있었다.

"오호, 상호여! 오호, 상호여! 자네는 자네의 천진한 세계로 되돌아 갔건만, 우리는 아직도 사람인 채로 남았구려……"

이 꼴을 보자 자공은 급히 앞으로 뛰어가서 말했다.

"외람되게 묻겠소. 시신 옆에서 노래나 부르는 것이 예의라 할 수 있겠소?"

두 사람은 서로 바라보다가 픽 웃어 버렸다.

"자네가 어떻게 예의의 뜻을 알겠는가?"

자공은 돌아와 공자에게 아뢰었다.

"저들은 대체 어떤 사람들입니까? 스스로 몸을 닦기는커녕, 자기의 형체까지 까맣게 잊고, 거기다가 시신을 옆에 놓고 노래나 부르고, 그러면서도 얼굴빛 하나 변치도 않으니, 저런 사람들을 무어라고 불러야 좋을지 모르겠습니다. 도대체 어떤 사람들입니까?"

공자가 대답했다.

"그들은 세속의 밖에서 노니는 사람들이다. 그런데 나는 세속에 묶여 노니는 사람이다. 세속의 안과 밖은 서로 미칠 수 없는 것인데도 내가 그대로 하여금 가서 조문케 하였으니, 결국은 내가 고루한 탓이었다. 저들은 조물주와 벗하고 천지의 정기에 섞여 하나로 노닐려는 것이다.

저들은 인생을 기의 응결로 볼 만큼 몸 위에 사마귀나 혹이 붙은 것처럼 귀찮게 여기고, 죽음을 기의 소멸로 볼 만큼 몸 위의 사마귀나 등창이 터진 것처럼 오히려 시원스레 생각하는 거야! 그들이 이러할진대 인생의 죽음과 삶, 앞서고 뒤처지는 것의 소재는 한갓 우연으로만 보고 있는 것이다. 또 사람의 신체란 수·화·금·목, 혹은 지(地)·풍(風)·수(水)·화(火) 따위의 여러 물질의 원소를 모아 하나의 형체를 빚게 된 거지! 때문에 그 형체 속에 붙어 있는 간이나 담, 귀와 눈 따위는 잊어버리고 있는 것이다.

삶과 죽음은 가고오고, 무한히 반복하여 어디가 처음이고 어디가 끝인 것을 찾을 수 없는 것이다. 다만 하염없이 이 세속을 초탈하여 무위의 세계에서 소요할 뿐이다. 그런 사람들이 어떻게 번잡스럽게 세속의 예를 지키느라 속인들의 속스런 이목을 즐겁게 여기겠는가?"

자공이 물었다.

"그러면 선생님께서는 세속의 안과 밖 중에 어느 쪽을 따르십니까?"

공자가 말했다.

"나는 하늘의 벌을 받은 사람으로 손발이 얽매여 있는 셈이지. 그렇지만 나도 너희들과 함께 세속 밖에 가서 노닐었으면 한다."

"무슨 방법이 있습니까?"

"물고기는 물속에 이르러야 하고, 사람은 도에 나아가야 한다. 물에 살려면 못을 파서 물이 괴면 사는 게 해결되고, 도에 살려면 무위를 지켜야, 아무 일 없게 해주면 삶의 안정을 얻는다. 때문에 '물고기는 못속에서 즐기다가 물속에 있는 것을 잊고, 사람은 도 속에 즐기다가 도술을 잊는다.'라고 했다."

자공은 또 물었다.

"저들을 기인이라 하는데 기인은 어떤 사람입니까?"

"기인이란 속인들과는 맞지 않아도 하늘과는 맞는 사람이다. 때문에 하늘의 소인은 속세의 군자요, 속세의 군자는 하늘의 소인이 된다고 말하는 것이다."

즐거움과
웃음의 이치

안회가 공자에게 물었다.

"맹손재는 그의 어머니가 세상을 떠나자 곡은 했으나 눈물이 나지 않았고, 그 마음도 슬퍼하지 않은 채 상중에는 애통함도 표시하지 않았다고 합니다. 이 세 가지가 없었는데도, 그가 장사를 잘 치렀다는 소문이 노나라를 뒤엎고 있습니다. 그렇게 실제에 소홀했음에도 명성을 얻을 수 있겠습니까?"

공자가 말했다.

"맹손재는 상례의 도리를 다했다고 본다. 그는 상례를 아는 사람보다 훌륭하다. 사람들은 상을 간단히 치르려 해도 되지를 않는데, 그는 이미 간단히 치르고 있다.

맹손재는 본래 죽음과 삶을 자연에 맡기었기에 왜 태어났는지, 또는 왜 죽는지를 따지지 않았다. 그리고 어떻게 하면 생명을 구할 수 있고

116

어떻게 하면 죽음을 구할 수 있는지도 모른다. 다만 조물주의 변화에 순응하여 하나의 생명으로 태어났는지라, 또한 살아서 변화하고 있는, 이제는 예측할 수 없는 미지의 변화를 기다리고 있을 뿐이다.

지금 변화 과정에 있는 일로 여기지만 실은 그것이 변하지 않는 것일지도 모르며, 지금 변하지 않고 있는 줄로 여기지만, 실은 그것이 변하고 있는 것일지 모른다. 나나 너나, 모두 어느 꿈속에서 아직도 깨어나지 않고 있는 자들이 아닐까? 그리고 맹손재는 비록 형체상의 변화에 놀랐는지 모르지만, 정신적으로 아무런 손상이 없을 것이다. 그는 형체상의 변화란 마치 집을 새로 옮기는 것과 같을 뿐, 결코 실제의 죽음이란 있을 수 없는 것으로 알고 있다.

맹손재만은 독특한 깨달음이 있어서 남이 울 때 같이 따라서 울지만, 마음으로 우는 것이 아니라 세상의 풍속을 따르는 것일 뿐이다. 세상 사람들은 다만 자기가 형체를 갖는 것만을 보고 이 형체가 자기 것인 줄 알고 있지만, 어찌 자기라고 하는 것이 과연 자기 것인지 아닌지를 알 수 있겠는가? 또 비유하자면, 네가 꿈에 새가 되어 하늘에 이르고 고기가 되어 연못에 잠겼다고 하자. 그런 경우에는 지금 이야기하고 있는 네가 과연 깨어 있는지, 꿈을 꾸고 있는지 모를 것이다.

가는 곳마다 즐거운 경지에 든 사람은 즐거운 줄도 몰라 미처 웃을 겨를도 없거니와, 웃음이 나왔을 때에는 이미 자연대로 순응하였기에 따로 안배할 겨를이 없는 것이다. 이같이 즐거움과 웃음은 자기 뜻대로 이루어지는 것이 아니고, 모든 일은 억지로 되는 것이 아니다. 자연의 안배를 순응하여 죽음과 삶에 변화의 슬픔을 버리고, 비로소 '태허(太虛, 텅 빈)의 하늘'에 들어가 자연과 일체가 되는 것이다."

도(道)란
무엇인가

의이자가 허유를 찾았더니 허유가 물었다.

"요임금이 선생께 무엇을 가르쳐주었소."

의이자가 말했다.

"요임금께서 말씀하시길, '너는 반드시 인의를 실천하고 시비를 분명히 하라'고 하셨습니다."

허유는 다시 물었다.

"그렇다면 선생은 무엇 하러 왔습니까? 인의의 가르침과 시비의 언론이란 사람의 본성을 궤멸하기를 마치 형벌처럼 사나웠으니, 이미 인의로써 선생의 얼굴을 찢어 놓았고, 시비로써 선생의 코를 베어 버린 것과 같습니다. 그런데 선생은 어떻게 소요 방탕하고 구속 없이 무한히 변화하는 경지에서 노닐 수 있겠습니까?"

의이자가 말했다.

"비록 그렇습니다만 저는 그러한 경지의 가장자리에서라도 노닐고 싶습니다."

허유가 점잖게 대답했다.

"그것은 안 됩니다. 무릇 소경은 눈에 번뜩이는 고운 빛깔을 볼 수 없고, 장님은 청황색 비단의 문채를 또한 볼 수 없습니다."

의이자가 다시 말했다.

"무장이 도에 관한 얘기를 들은 후 자기의 아름다움을 의식치 않게 되었고, 거염이 그 힘을 잊게 되었고, 황제가 그의 지혜를 잊을 수 있었던 것은 모두 배움으로 자기의 기질을 고친 것이니, 마치 대장간에서 연장을 때려 만든 것과 같습니다.

어찌 조물주가 제 얼굴 위의 흉터를 지우고 베어진 코를 다시 붙여 저로 하여금 완전한 제 모습을 되찾아 선생님의 가르침을 받게 하실지 그 누가 압니까?"

허유가 또 말했다.

"허참! 그거야 알 수 없는 일이오. 그러면 선생께 대강 말씀드리지요. 높으신 도여! 높으신 도여! 그 도는 만물을 이룩해 주면서도 결코 의로움이라 여기지 않았고, 만세에 은혜를 미치게 하면서도 어짊이라 여기지 않았으며, 태고로부터 존재해왔건만, 결코 늙었다고 여기지 않았고, 넓은 천지를 포용하여 모든 형체를 만들어 냈건만, 결코 교묘하다 여기지 않으셨소. 그 위대한 도는 이처럼 무위 속에서 노닐 따름입니다."

모든 차별을
넘어서야 한다

안회는 돌아와 공자에게 말했다.

"저에게도 진보, 발전한 것이 있습니다."

공자가 물었다.

"무슨 뜻이냐?"

"저는 인의를 잊을 수 있게 되었습니다."

"괜찮지. 그러나 아직 모자랄 텐데."

다른 날, 다시 공자를 뵙고 안회가 말했다.

"저에게 진보(발전)가 있습니다."

"무슨 뜻이냐?"

"저는 예의와 음악을 잊을 수 있습니다."

"괜찮지. 그런데 아직 모자랄 텐데."

뒷날, 다시 공자를 뵙고 말했다.

"제게 진보가 있습니다."

"무엇을?"

"저는 좌망을 할 수 있습니다."

공자가 낯빛을 고치며 물었다.

"좌망이라니?"

안회가 대답하였다.

"자기의 신체나 손발의 존재를 잊어버리고, 눈이나 귀의 움직임을 멈추고, 형체가 있는 육체를 떠나 마음의 지각을 버리며, 모든 차별을 넘어서 대도와 하나가 되는 것을 좌망이라 합니다."

공자가 말했다.

"도와 하나가 되면 사심이 없어지고, 도의 변화에 순응하면 일정한 것만을 추구하는 마음이 없어진다. 그대는 과연 현명하구나. 나도 자네의 가르침을 받아야 하겠네!"

운명의 주체는 무엇인가

자여와 자상은 친구였었다. 그런데 열흘이나 계속된 장마가 지속되자 자여는 자상의 안부가 걱정되었다.

'자상이 굶어 죽은 게 아닐까?'

자여는 자상을 먹이려고 밥을 싸가지고 갔다.

자상의 문 앞에 이르자, 안에서는 노래하는 것 같기도, 곡하는 것 같기도 한 목소리로 거문고를 타면서 말하는 소리가 들려왔다.

"아버지인가, 어머니인가! 하늘의 짓인가, 사람의 짓인가?"

그 소리는 굶주림에 지쳐서 그런지 제대로 나오지도 않았고, 그 가락조차 숨찬 듯 떨리기만 했다.

자여가 들어가서 말했다.

"자네는 왜 그런 노래를 흥얼대고 있나?"

자상이 조용히 대답했다.

"나는 여기서 이제껏 누가 나를 이런 곤경에 밀어 넣는가를 생각했지만, 도시 생각나지 않더군. 설마 부모가 나를 이런 가난에 빠뜨린 건가? 그렇다고 해서 공평무사한 하늘과 땅이 나만을 가난에 빠뜨릴 리도 없겠고, 아무리 생각해도 누가 그랬을까를 모르겠더군. 그렇다면 내가 당하는 이 가난은 결국 운명이 빚어낸 모양일세!"

자연스럽게
살아야

설결은 왕예에게 네 번이나 질문을 했지만, 네 번 다 모른다고 했다. 그러자 설결은 왕예가 모른다는 것이 이미 지혜를 잊은 경지에 든 줄 알고 뛸 듯이 기뻐하다가 스승인 포의자에게 가서 이야기했다.

포의자는 그 말을 듣고 대답했다. "자네는 이제야 그것을 알았는가? 순임금이 태씨보다 못한 것은 다름이 아니라, 그가 인의를 품고 사람을 모으려고 했는데, 그것으로 인심은 얻었지만, 사물 밖으로 초탈할 수 없었던 까닭이었네. 그런데 태씨는 누우면 아주 편안히 잠들고, 깨면 스스로를 즐기면서 태연했었네. 누가 자기를 말이라 하면 말이라도 좋고, 누가 자기를 소라고 부르면 소라도 좋은 줄 알았으니, 그의 지혜는 천진한 대로 조작함이 없었고, 그의 덕은 자연 그대로 허위가 없었네. 그리고 처음부터 사람들을 비난하는 입장에는 들어가지 않았지. 즉 다시 말해 순임금 모양대로 사물에 속박되는 그런 일이 없었다네."

올바른 정치의
지름길

견오가 초나라의 광인인 접여를 만나자 물었다.

"일중시께서 자네에게 무슨 말을 하던가?"

견오가 대답했다.

"그분은 '제왕이 된 사람이 자기 생각대로 법도를 집행하면 누가 감히 복종하지 않으며 내게 감화되지 않을까?'라고 했습니다."

접여가 말했다.

"그것은 덕을 속이는 것이네. 그런 방법으로 천하를 다스리는 것은 마치 넓은 바다를 걸어서 건너거나 큰 강물을 파서 만드는 것처럼 힘들다네. 무릇 성인의 정치란 모든 법도를 버려야만 태평을 찾는 것이며, 분명히 백성의 성정을 따라 그들의 능력대로 그들의 생존을 도모하게 해줄 따름인 것이네. 새들은 높이 날므로 그물과 화살을 피할 줄 알고, 생쥐는 제단 밑에 굴을 파므로 연기의 질식과 연장의 침입을 피할 줄 안다네. 자네는 이 두 가지 짐승들이 무지한 줄 아는가? 실은 스스로 생명을 보전할 줄 아는 것이라네."

자연의
질서에 대한 신뢰

천근이 은양 땅을 가다가 요수가에서 무명인을 만나자 그에게 물었다.

"도대체 천하는 어떻게 다스리는 겁니까?"

무명인이 대답했다.

"물러가라, 이 비루한 녀석! 네 질문이 왜 그렇게 불쾌하단 말이냐?

나는 지금 조물주와 더불어 친구가 되어 있다. 세상에 싫증이 나면 멀리 나도는 새를 타고 천지 사방을 벗어나서 아무것도 없는 고장에 노닐며, 한없이 넓은 들에 살고 있다. 네가 하필이면 천하를 다스린다는 따위의 황당한 정치 문제로 내 마음을 어지럽히는 것이냐?"

그래도 다시 물으니 무명인이 말했다.

"먼저 네 마음을 담박한 데 두고, 네 형체와 기운을 적막한 세계에 합치시키거라. 그리고 자연에 순응하면서 사심을 버렸을 때에 천하는 구태여 다스리지 않아도 저절로 다스려지는 법이다."

정치도 자연에 따라
행해야

양자거가 노담을 만나 물었다.

"말하자면 어떤 사람 하나가 본디 천성이 총명하여 재주가 민첩한
데다가 결단성이 있고, 사리를 통달하여 밝은데다가 도를 배우는 데도
열심히 하거늘, 이런 사람은 옛날 성덕을 가졌던 밝은 임금과 견줄 만
합니까?"

노담이 말했다.

"무슨 소리! 그런 사람을 성인에게 견준다면, 마치 기술장이들이 자
기들의 천한 일을 하는 재주꾼과 같아서 재주에 물려 기껏해야 한갓
자기 몸을 수고롭게 하고, 마음을 어지럽히는 결과나 다름이 없는 것
이다.

바꾸어 말하면, 호랑이나 표범은 그 겉 무늬가 곱기 때문에 사냥꾼
을 불러들이고, 원숭이는 몸이 날래고 사냥개는 삶을 잡기 때문에 사

람에게 잡혀 목을 묶이게 된다. 이른바 지능이란 이렇게 화를 부르는데, 그런 사람을 어찌 옛날의 밝은 임금에 비견하겠는가? 그렇다면 호랑이나 원숭이, 개도 현명한 임금에 견줄 수 있단 말인가?"

양자거가 안색을 고쳐 다시 말했다.

"그러면 밝은 임금의 다스림이란 어떤 것입니까?"

노담이 다시 대답했다.

"밝은 임금의 다스림은 그 공이 온 천하를 뒤덮을 정도로 넓지만, 자기가 이룩한 것임을 의식 못 하고, 그 교화 또한 만물에 미치건만 백성은 스스로 얻은 것으로 알 뿐 임금의 공을 잊고 있다. 밝은 임금은 자기의 공명을 드러내지 않고, 백성을 스스로가 즐기게 하고, 예측할 수 없이 신묘한 위치에 서서, 텅 빈 자유의 극치에서 노닐고 있는 것이다."

자연 만물의
조화에 따르는 모습

정나라에 계함이라는 신령스런 무당이 있었다. 사람의 생사존망, 불행과 행복, 오래 살고 일찍 죽는 것에 대하여는 그 어느 해 어느 날까지 맞히는 귀신같은 무당이었다. 정나라 사람들은 그를 만나면 행여 자기의 불길한 예언을 들을까 봐 도망치고는 했다.

열자가 그를 보고 나서 마음에 탄복한 나머지 스승인 호자에게 말했다.

"당초에는 선생님의 도가 가장 지극한 것인 줄 알았는데 이제 보니 선생님보다 더한 분이 계십니다."

호자가 말했다.

"내가 네게 가르쳐준 것은 껍데기에 불과했지, 아직 알맹이를 가르쳐주진 않았다. 그런데도 네가 내 도를 다 배운 셈으로 생각했느냐?

암탉이 아무리 많다 해도 수탉이 없으면 어찌 새끼가 있겠느냐? 알

맹이가 없이 어떻게 도를 알 수 있단 말인가? 너의 도는 아직도 천박하여 세상 사람들에게 아는 체하고 자랑하는가 하면, 그따위 선무당을 믿기 때문에, 그 무당이 네 상을 맞히게 된 것이다. 그러나저러나 그 무당을 한번 데려와서 나를 만나게 해다오!"

이튿날 열자는 무당을 데리고 와서 호자에게 보였다.

호자의 상을 보고 난 무당은 한참 만에 밖으로 나와 열자에게 조용히 말했다.

"아아, 안된 말입니다만 선생께서는 곧 돌아가시게 되었습니다. 살 가망은 없고, 아마 열흘도 못 넘길 것입니다. 나는 이상한 것을 보았습니다. 아무런 생기 없는 괴이한 상을 보았습니다."

열자가 호자의 방에 들어가 눈물로 옷깃을 적시면서 흐느끼며 말했다. 그러나 호자는 태연히 말했다.

"허허! 내가 아까 그 무당에게 보인 상은 땅의 모습이었으니, 고요하여 진동되지 않았고, 그렇다고 움직이지도 않았었다. 그는 아마 내게서 생명의 움직임을 닫아 버린 그런 모습으로 보았겠지. 하지만 한 번 더 데리고 오거라!"

이튿날 열자가 다시 무당을 데리고 왔다. 어제처럼 무당이 상을 보고 나서 열자에게 말했다.

"천행이구려. 선생께서는 나를 만나 병이 나았습니다. 완전히 생명이 살아나서, 전날 닫혔던 생기가 다시 움직이는 것을 보았습니다."

열자는 이를 호자에게 아뢰었다. 호자는 여전히 태연스레 말했다.

"아까 내가 보여 준 것은 하늘과 땅의 모습이었다. 그것은 만물을 길러낼 수 있는 생기를 보여 준 것이다. 그러나 그것은 이름도 형체도 없는 상태이지만 생기가 발뒤꿈치에서 솟아나고 있는 것이다. 그는 아마 나의 훌륭한 생기가 나타난 경지를 보았을 것이다. 한 번 더 데려와 보거라!"

이튿날 무당은 다시 와서 호자의 상을 보고서는 열자에게 말했다.

"선생께서는 상이 일정치 않군요. 이러면 상을 볼 수 없으니 상이 가라앉으면 다시 보기로 하지요."

열자가 이대로 호자에게 아뢰자 호자가 말했다.

"아까 내가 보여 준 것은 극도로 텅 비어 아무런 조짐도 없는 상을 보여 주었다. 그는 아마 나의 생기를 평평하게 유지하는 경지를 보았을 것이다. 소용돌이치는 물이 모여 못이 되고, 정지한 물이 모여 못이 되며, 흐르는 물이 모여 못이 된다.

무릇 못에는 아홉 가지가 있는데 그중에 큰 고기가 선회하는 못과, 고요한 물이 모이는 못, 흐르는 물이 모이는 못, 이렇게 세 가지만 보여준 것이다. 어디 다시 그 무당을 데려오너라!"

이튿날 무당은 호자의 상을 보았다. 무당은 호자 앞에 서자마자 부리나케 뺑소니쳤고 호자는 '잡아라.' 하고 소리쳤다.

열자가 쫓아갔으나 잡지 못한 채 돌아와서 호자에게 보고했다.

"벌써 사라져서 놓치고 말았습니다. 제가 따라갈 수가 없었습니다."

호자가 말했다.

"아까 내가 보인 것은 내가 숭상하는 도에서 벗어나지 않은 모습을 보여 주었을 뿐, 조금도 내가 좇는바는 드러내지 않았다. 곧 나는 무심한 채 만물의 조화를 따라 순순히 옮아가는 모습이었다. 아무것에도 얽매이지 않고자, 누구의 무엇인지도 모른 채 방임 순종했다. 마치 물결치는 물에 쏠리어가듯이 그를 대했더니, 그는 나를 넘겨다 볼 수 없었는지 도망쳐 버렸구나!"

그 뒤 열자는 자기가 아직도 도를 닦지 못했음을 깨닫고, 그 길로 집에 돌아와 3년이나 두문불출하였다.

열자는 아내 대신 밥도 짓고, 돼지를 먹이는 데도 사람 먹이듯이 대하여 귀천의 의식을 버리게 되었다. 그리고 세상일을 접하는 데 사사로운 감정을 버렸고, 인위적인 가식에서 소박한 진리를 되찾아 고목 같은 자세로 살았다. 또한 혼돈한 세속 속에서도 도를 지키면서 흔들리지 않는 자세로 한 생애를 마쳤다.

二

넓고 큰 것을
포용해야 한다

쓸데없이
존중하는 도

엄지발가락이 둘째 발가락과 붙어 있는 변무(駢拇)나 육손이는 선천적으로부터 그러한 것이라 해도 정상적인 인간의 입장에서 보면 군더더기인 것이다.

달라붙은 사마귀나 달린 혹은 후천적으로 생긴 것이나, 애당초 태어난 모습보다 역시 군더더기인 것이다.

여러 방법으로 인의를 베풀어 그를 다시 오상(五常: 仁義禮智信)으로 이름 지어 오장(간장, 심장, 비장, 폐장, 신장)에 열거하거나, 이는 도덕 본연의 면목이 아니다.

때문에 엄지와 둘째 발가락이 붙은 것은 쓸모없는 군살을 달고 있는 것이요, 육손이 손에 붙어 있는 것 또한 쓸모없는 손가락을 두고 있는 것이다.

네 발가락과 육손처럼 오장의 정리가 쓸데없이 많으면 곧 인의 때문에 음벽(淫僻, 지나치게 치우치는 것)해지고, 지혜의 과잉(지나침)에 떨어지고 만다.

그러므로 시력이 지나친 사람은 오색(靑·黃·赤·白·黑)에 혼란을 일으키고 아름다운 무늬에 빠져 버린다. 빛깔을 수식하여, 푸르고 누런 도끼 모양의 제복은 결국 사람의 눈을 어지럽히지 않았는가?

쓸데없이 인(仁)을 중시하는 사람은 덕을 겉으로 드러내면서 그 본성은 막히든 말든 명예를 얻으려 하니, 이는 온 천하를 마치 피리나 북을 둥둥 울리면서 사람들이 따라서는 안 될 법을 받들게 하는 것과 같지 않은가.

이런 것들은 모두 쓸데없이 붙은 것을 존중하고 소용없이 덧붙은 것을 존중하는 도이며, 결코 천하의 정도가 아니다.

학의 다리가 길다고
자르지 마라

자연의 정도로 창생의 성명(性命)을 바르게 하는 사람은, 결코 성명 원래의 면목을 버리지 않는다.

때문에 비록 발가락이 붙어 네 발가락이 되었다 할지라도 붙었다 할 수 없고, 육손이라 할지라도 그것이 쓸데없는 것이라 할 수 없고, 그것이 길다고 해서 지나친 것은 아니고, 그것이 짧다고 해서 부족된 것은 아니다.

따라서 물오리의 다리가 비록 짧다 하지만, 그것을 길게 늘여 준다면, 오히려 걱정을 끼치는 결과가 되겠고, 학의 다리가 비록 길다 하지만, 그것을 짧게 잘라 준다면 오히려 슬픔을 주는 결과가 되겠다.

그러므로 본래 길게 타고난 것은 잘라 줄 필요가 없으며, 본래 짧게 태어난 것을 길게 해줄 필요가 없으니, 그렇게 한다면 스스로 걱정을 불러들이는 일도 없는 것이다.

다시 말하건대 인의를 말하는 이는 설마 인정이 아닐까? 인의를 자처하는 사람은 하필이면 많은 걱정에 찌푸리고 있을까?

만일 네 발가락 병신에게 칼을 대어 벌려 준다면, 그는 아프다고 울 것이고, 이로 육손이의 그 손가락 하나를 입으로 물어 끊는다면 역시 아프다고 소리 지를 것이다.

두 사람이 각각 하나는 그 숫자가 지나치고, 하나는 그 숫자가 부족하지만, 슬퍼하기는 마찬가지일 것이다.

그런데도 요즘 세상에 이른바 인의군자는 눈을 휘둥그레 뜨고 세상을 개탄하는가 하면, 반대로 불인(不仁)한 사람은 타고난 인을 잘라 버리고 부귀만을 탐하고 있다.

그렇다면 인의(仁義)는 인정의 자연 속에 있는 것이 아닐까? 인은 결코 강요해서 되는 것은 아니다.

군자와
소인의 차별

하·은·주 삼 대 이래 세상은 왜 그리 시끄럽게 들끓고 있는가? 무릇 갈고리쇠·먹줄·그림쇠·곡척(곱자) 등으로 목재를 곧고 둥글게 함은 나무의 본성을 깎아 내는 것이며, 새끼로 묶고 아교나 옻칠 따위로 단단하게 붙임은 그 타고난 천성을 상하는 것이다.

마찬가지로 몸을 굽혀 예악을 행하고, 안색을 부드럽게 하여 인의를 강론하면서 천하의 인심을 달래는 것은 자연의 진상을 상실시키는 것이다.

세상에는 진상(眞常)이 있다. 진상이란 곧 굽은 것은 갈고리 쇠로 쓰지 않아도 굽어진 것이며, 곧은 것은 먹줄을 쓰지 않아도 곧은 것이며, 둥근 것은 그림쇠를 쓰지 않아도 둥글며, 모난 것은 곡척을 쓰지 않아도 모나며, 붙은 것은 아교나 칠을 쓰지 않아도 붙어 있고, 묶인 것은 새끼나 끈을 쓰지 않아도 묶여져 있는 그런 모습을 일컬은 것이다.

그러므로 천하 만물은 서로 인도하듯이 스스로 태어났지만, 왜 태어났는지를 모르며, 마찬가지로 그 생명을 얻었지만, 왜 얻었는지도 모른다.

이런 원리는 고금을 통하여 변함이 없고, 또한 사람의 힘으로 손상할 수 없거늘, 인의는 또 하필이면 교칠이나 새끼줄처럼, 사람의 본성을 붙인다거나 이리저리 묶으며 자연의 진리 속에 끼어들 필요가 있겠는가? 인의야말로 천하를 미혹하고 있는 것이다.

무릇 작은 유혹은 겨우 방향을 그르치는데 끝나지만, 큰 유혹은 인간의 진상을 잃게 했는데, 그 내력은 이러했다.

순임금이 인의의 깃발을 들고 세상을 뒤흔들자, 세상 사람들은 모두 인의 쪽으로 달려가니, 결국은 인의가 인간의 본성을 바꾸어 놓은 것이 아닌가?

한 걸음 더 나아가 논한다면 하·은·주 이후, 세상은 외부의 사물에 의하여 그 본성을 잃지 않은 사람이 없었다. 소시민은 이익을 위해 자신을 희생하고, 지식인은 명예를 위해 자신을 희생하고, 관료는 가문을 위해 자신을 희생하고, 성인은 천하를 위해 자신을 희생했다.

이들이 하는 사업이나 명칭은 각각 달랐지만, 본성을 상실하고 자신을 희생하는 점에서는 공통하고 있다.

하인과 하녀가 양을 치고 있었는데, 그만 양을 놓치고 말았다. 하인에게 '왜 그랬느냐?'고 물었을 때 그는 '채찍을 들고 책을 읽었노라.'고 했다. 하녀에게 왜 '그랬느냐?'고 물었을 때 '도박을 했노라.'고 대답했으니, 두 사람의 일은 다를지언정 양을 잃은 점에서는 공통하고 있다.

백이는 수양산에서 굶어 죽었고, 도척은 동릉산에서 처형당했으니, 두 사람의 사인은 다르지만, 생명과 본성을 손상시킨 점에서는 공통하고 있다.

그런데 하필이면 굶어죽은 백이만 옳고 도척을 나쁘다고 할 수 없지 않은가?

천하 사람들은 모두 무엇을 위해 희생하고 있다. 인의를 위해 희생하면 속인들은 군자라고 칭찬하고, 재물을 위해 희생하면 속인들은 소인이라 경멸한다. 자기를 희생하는 점에서는 같은데 군자가 있고 소인이 있으니, 만일 생명과 본성을 손상시킨 점에서 보면 백이·도척 사이에 다를 바가 무엇이며, 더구나 그 사이에 군자와 소인의 차별을 둔 것은 무엇 때문인가?

자연의 진리에
머리 숙인다

무릇 사람의 본성을 억지로 인의에 결부시킨다면, 비록 증자나 사추처럼 통달한대도, 결코 내가(장자를 말함) 바라는 선은 될 수 없다.

사람의 본성을 억지로 오미(五味)에 결부시켜 비록 맛의 대가처럼 통달한대도 결코 내가 바라는 선은 될 수 없고, 사람의 본성을 억지로 오성에 결부시켜 비록 통달한대도 내가 말하고자 하는 귀 밝은 것은 될 수 없고, 사람의 본성을 억지로 오색에 결부시켜 비록 통달한대도 내가 말하고자 하는 눈 밝은 것은 될 수 없다.

내가 말하고자 하는 선은 인의를 말하는 것이 아니라 자기가 본래 얻어진 바를 잘 가꾸는 것이요, 내가 말하고자 하는 선은 인의를 말하는 것이 아니라 자기 본성의 진실에 맡김을 뜻함이다.

내가 말하고자 하는 귀 밝은 것은 자기 밖을 듣는 것이 아니라 자기 내부의 소리를 들음을 말함이요, 내가 말하고자 하는 눈 밝은 것은 자기 밖을 보는 것이 아니라 자기 내부의 본성을 봄을 말함이다.

만약 자기 속은 보지 못하면서 남의 것을 본다든지, 자기 스스로는 얻지 못하면서 남들을 얻게 하려는 사람은, 곧 자기를 버리고 남을 본받자는 사람이거늘, 그들은 남의 만족을 자기의 만족으로 알고 자기의 만족을 만족으로 여기지 않는 사람이며, 남의 즐거움에 즐거워할 뿐 자기의 즐거움에 즐거워할 줄 모른다.

또한 남의 즐거움에 즐거워할 뿐, 자기의 즐거움에 즐거워할 줄 모르는 점에서 본다면, 재물을 훔치던 도척이나 고결했던 백이 같은 사람들과 마찬가지로 지나치게 편벽되고 있는 것이다.

나는(장자) 항상 자연의 진리에 머리 숙인다. 그러기에 위로는 인의란 거추장스런 명분을 버리고, 아래로는 감히 지나치게 편벽된 행동을 하지 못하는 것이다.

자연의 뜻대로

말은 그 발굽으로 서리와 눈을 밟을 수 있고, 그 털로 바람과 추위를 막고, 풀과 물을 먹이로 삼고 발을 추어올리며 뛰어다니니, 이것이 말의 본성이다. 고대광실이나 임금의 정전(正殿)이 있다 해도 말에게는 쓸모가 없다.

그런데 백락(伯樂, 말을 잘 보는 사람)이 등장하면서부터, "내가 말을 기르고 다스리는데 정통하다."고 호언하면서, 결국은 쇠로 달구고(낙인을 찍고), 털을 깎고 발굽을 다듬고, 굴레를 씌우고, 고삐로 목을 매고, 구유가 딸린 마구간에 차례로 매어놓으며 못살게 구니 열 마리 가운데 두세 마리는 죽고 말았다.

게다가 훈련을 시킨답시고 굶기고, 목마르게 달리고 뛰게 하였는가 하면, 일제히 정렬을 시켜 늘어놓기도 하였다. 앞에는 재갈의 끈을 달아 꼼짝 못 하게 했고, 궁둥이에는 채찍으로 위협하니, 결국 죽어가는 말이 절반은 넘었다.

옹기장이는 "나는 진흙을 잘 다룬다. 둥근 그릇은 그림쇠에 잰 듯하고, 모난 그릇은 곱자에 잰 듯하다."라고 호언장담한다.

목수는 "나는 나무를 잘 다룬다. 굽게 깎으면 쇠스랑에 맞고, 곧게 하면 먹줄을 친 듯하다."고 장담한다.

무릇 진흙이나 목재의 본성이 어찌 그림쇠·곱자·쇠스랑·먹줄에 맞겠는가?

그런데도 세상 사람들은 으레, "백락은 말을 잘 기르고, 옹기장이와 목수는 진흙과 목재를 잘 다룬다."고 칭찬했다.

그렇다면 위정자들도 백성들을 못살게 굴면서도 백성을 잘 다스린다고 말할 테니, 실상은 백락이나 옹기장이·목수와 같은 과실을 범하고 있는 것이다.

나는 천하를 잘 다스리는 위정자는 그렇지 않다고 생각한다.

백성들에게는 일정한 본성이 있다. 누가 시키지 않아도 베를 짜서 옷을 입고, 논을 갈아 곡식을 먹기 마련이니, 이것은 모든 사람의 공통된 요구다. 자연의 뜻대로 혼연일체가 되어 인위적으로 편당을 하지 않은 것을 천방(하늘에 맡겨, 되는 대로 버려두는 것)이라고 한다.

자기 본성에
순응할 여가

정치란 천하를 너그럽게 있는 그대로 내버려 두는 것이라고 들었을지언정 천하를 가르침으로 억눌러 다스리는 것이라고는 듣지 못했다.

천하를 있는 그대로 두는 것은 사람의 본성을 잃게 될까 두려워하기 때문이요, 천하를 내버려 두는 것은 천하 사람들이 그들의 타고난 덕이 바뀔까 두려워하기 때문이다.

만일 사람들이 타고난 본성을 악용하지 않고, 그 덕을 변질시키지 않는다면, 천하를 인위적으로 다스릴 필요가 있겠는가?

옛날 요임금이 천하를 다스릴 때에는 백성들이 희희낙락하여 그 타고난 본성을 즐겼으나 이는 작위의 즐거움이지, 고요한 즐거움은 아니었다.

걸왕이 천하를 다스릴 때에는 백성들이 시름에 짓눌려 그 타고난 본성을 괴롭혔으니, 이는 결코 마음의 편안한 즐거움이 아니었다.

147

무릇 고요한 즐거움이나, 편안한 즐거움이 아닌 것은 순박하고 평화로운 덕성이 아닐진대, 그것을 갖고 정권을 오래 지탱한 사람은 아직 천하에서 볼 수 없었다.

사람이 너무 기뻐하면 양의 기운을 상하고, 너무 노여워하면 음의 기운을 상하기 마련이다. 음양이 한꺼번에 상하면, 사철로 옮기지 않고 기후의 조화도 이루어지지 않을 터이니, 오히려 사람의 몸을 상하게 할 뿐이다. 더구나 인간의 희로애락의 감정도 빼앗길 뿐더러, 생활도 불규칙해지고, 사상의 자유도 구속당할 터이고, 나아가서는 중용의 도도 문란해지고 만다.

여기에 사람들의 사상과 행동은 불평과 불만에 허덕이고, 드디어는 도척 같은 큰 도적이나 증삼과 사추 같은 군자도 출현하게 된다.

그러므로 선한 사람에게는 온 세상이 찬양하기에도 부족하고, 악한 사람에게는 온 세상이 벌을 주어도 부족하니, 천하의 크기를 가지고도 상벌을 분간하기에는 오히려 부족한 것이다.

하·은·주 삼 대 이래, 사람들은 떠들썩하게 상벌을 일삼아 왔으니, 그 사람들이 어찌 자기 본성에 편안히 순응할 수 있는 여가가 있었겠는가?

정착할 수 없는
사람의 마음

최구가 노자에게 물었다.

"선생님께서는 천하를 다스리려 하시지 않는데 어떻게 인심을 선도하시렵니까?"

노자가 대답했다.

"너는 사람의 마음을 교란시키지 말도록 조심해라! 무릇 사람의 마음이란 흔들리기 쉬워도 누르면 아래로 내려가고, 밀면 올라가는 비굴함과 오만함을 갖고 있는데 이 비굴함과 오만함이 인간을 항상 구속하고 서로 해치려 한다.

유화한 것은 억세고 강한 것을 부드럽게 한다. 그러나 사람들이 모나고 날카롭게 이름과 행실을 조각하려 든다면, 불덩이처럼 작열할 수도 있지만 얼음덩이처럼 냉각될 수도 있는 것이다.

그 빠르기는 눈 깜짝할 사이에 이 세상 사해에까지 미칠 수도 있다.

가만히 있으면 연못처럼 고요해질 수도 있거니와, 움직이면 하늘에 매달릴 정도로 뛸 수도 있다.

이렇게 하염없이 허둥대면서 어디에 마음을 정착시킬 수 없는 것이 바로 사람의 마음이 아닌가?"

불로장생의
비결

황제가 천자로 즉위한 지 19년, 그의 명성은 온 천하를 덮었고 어느 날 광성자가 공동산에 살고 있다는 말을 듣고 찾아갔다.

"선생께서 진정한 도에 통달했다는 말을 듣고, 그 도의 진수가 어떤 것인가를 물으러 왔습니다. 저는 천지의 정기를 취하여 오곡을 익게 하고, 그리하여 백성을 먹이려 하며, 또 음양의 기운을 조절해서 모든 만물을 순조롭게 자라도록 하고 싶소. 어찌 하면 되겠습니까?"

그러자 광성자가 대답했다.

"폐하가 묻고자 하는 것은 사물의 본질에 관한 것이지만, 폐하가 다스리고자 하는 것은 사물의 찌꺼기입니다. 폐하가 천하를 통치한 뒤로, 구름이 모이기도 전에 비는 내렸고, 초목은 아직 푸르건만 잎은 떨어졌고, 태양과 달빛마저 날로 황폐해졌습니다. 말재주만 가진 폐하의 마음이 그토록 협착하거늘, 어찌 감히 진정한 도를 의논할 수 있겠습니까?"

황제는 돌아와서 천자의 자리를 내던지고, 시끄러운 세상을 등지고 초막을 짓고, 거기에 하얀 떼를 깔고 앉아 석 달이나 두문불출했다. 그리고 다시 광성자를 찾아갔다.

광성자는 마침 머리를 남쪽으로 두고 누워 있었다. 황제는 광성자의 아래 무릎을 돌아 절을 두 번이나 꾸벅했다. 그리고 다시 물었다.

"선생께서는 도에 통달했다는 말을 들었는데, 감히 몸가짐을 어떻게 하면 장수할 수 있는지를 말씀해 주십시오."

광성자는 벌떡 일어나 앉았다.

"좋은 질문입니다. 그 진정한 도를 말씀드리지요. 진정한 도의 정수란 잡을 수 없이 깊은 것이요, 극치의 도란 것도 잡을 수 없이 고요한 것입니다. 보지도 듣지도 말고 정신을 고요히 가다듬으면, 육체 또한 저절로 안정될 것이요, 고요히 마음을 가지면 반드시 밝아질 것입니다. 구태여 육체를 수고롭게 하지 말 것이며, 마음을 요동시키지 않는다면, 저절로 장수할 수 있습니다. 눈으로 아무것도 보지 말고, 귀로 아무것도 듣지 말고, 마음으로 아무것도 생각지 않으면, 정신은 육체를 수호해 줄 것이며, 따라서 육체는 불로장생할 수 있습니다.

마음가짐을 삼가고, 보고 듣는 것을 단절해 버리셔야 합니다. 안다는 것은 도리어 자신을 훼손하는 것입니다.

나는 폐하를 찬란한 태양 같은 지혜에 나서게 할 것이니, 거기에는 진정한 양의 근원이 있을 것이며, 또 폐하를 깜깜한 어둠의 문에 들게 할 것이니, 거기에는 진정한 음의 근원이 있을 것입니다.

천지는 각각 맡은 바 직능이 있고, 음양은 각각 맡은 바 절대의 힘이 있거늘, 폐하의 일신을 삼가 지킨다면, 만물은 저절로 번영할 것입니다.

나는 명리를 탐내는 마음이 없어 담박한 마음을 지키면서 음양의 도와 조화해 왔기에, 지금 천이백 년이나 살도록 내 몸은 아직 늙지 않았습니다."

황제는 다시 두 번 절을 꾸벅했다.

"선생께서는 과연 하늘이라 부르겠습니다."

광성자가 말했다.

"이리 오시오. 말씀드리리다.

진정한 도에는 끝이 없건만, 사람들은 끝이 있는 줄 여기고 있고, 진정한 도는 측량할 수 없건만, 사람들은 잘된 이는 천자가 될 것이며, 못 되더라도 왕쯤은 될 수 있습니다. 그러나 내 도를 상실한 이는 살아서 햇빛을 볼지라도 죽으면 흙덩이가 될 뿐입니다.

지금 모든 만물은 흙에서 났다가 흙으로 돌아갈 뿐입니다. 그래서 나는 속인들을 저버리고 무궁한 세계에서 무궁한 진리에 노닐고자 하는 것입니다. 나는 해와 달처럼 빛을 함께 하고, 하늘과 땅과 함께 영원합니다. 누가 내 옆에 와도 나는 무심할 뿐, 내가 내 옆을 멀리 떠나도 나는 아무것도 모를 뿐입니다.

모든 사람이 죽어갈지라도 나만은 혼자 존재할 것입니다."

진정한
침묵의 진리

운장(구름의 신)이 동쪽으로 여행하는 중에 부요라는 신목(神木) 옆을 지나다가 마침 홍몽(자연의 원기, 도에 통달한 神人)을 만나게 되었다. 홍몽은 마침 자기 넓적다리를 두드리며 껑충껑충 뛰면서 놀고 있었다.

운장은 발길을 멈추고 우뚝 서서 물었다.

"어른께서는 뉘십니까? 여기서 무얼 하십니까?"

홍몽은 여전히 넓적다리를 두드리면서 껑충껑충 뛰고 있었다. 그리고 운장에게 대답했다.

"놀고 있는 거요."

운장이 다시 물었다.

"제가 여쭈어 볼 말이 있습니다."

홍몽은 운장을 훑어보면서 답했다.

"무어라고요?"

"하늘의 기운은 조화를 잃고, 땅의 기운은 답답하게 엉클어져 있고, 거기다가 천기는 고르지 않고, 사철 또한 무질서합니다. 이래서 지금 저는 육기(여섯 가지 기후. 곧 흐리고, 햇빛 나고, 바람 불고, 비 오고, 어둡고, 밝은 것)의 정수를 모아 모든 만물을 양육하려 하니 어떻게 하면 되겠습니까?"

홍몽은 여전히 넓적다리를 두드리고 뛰면서, 머리를 내저으며 말문을 열지 않았다.

"나는 몰라, 나는 몰라."

운장은 끝내 대답을 듣지 못했다.

3년이 지난 뒤, 동쪽을 방황하다가 송나라 들판에 이르러 또 우연히도 홍몽을 만나게 되었다. 운장은 몹시 기뻐 쫓아가 물었다.

"하늘같이 위대한 분이여! 저를 잊으셨습니까?"

두 번이나 꾸벅 절을 하면서 홍몽의 가르침을 졸랐다.

홍몽이 말했다.

"나는 그저 떠돌아다닐 뿐, 무엇을 탐구한 바도 없거니와, 그냥 날뛰고 있을 뿐 어디로 갈지조차 모르고 있습니다. 마음을 넓은 데 두고 많은 것을 보아왔는지라 다만 망령스럽지 않음을 알 따름이지, 내가 무엇을 알겠습니까?"

운장이 다시 재촉하여 말했다.

"저도 아무것에도 얽매이지 않은 채 뛰어다니고 있는 줄 알지만, 백성들이 저를 따르고 있습니다. 제가 본의 아니게 백성들에게는 하나의 본보기가 되고 있으니, 저에게 한 말씀 들려주시기 바랍니다."

홍몽이 대답했다.

"자연의 법칙을 어지럽히고, 만물의 진정을 거스르면 자연의 변화도 이루어지지 않습니다. 지금 짐승들은 놀라 흩어졌고, 새들도 밤에는 흐느끼거늘, 재앙은 이처럼 초목과 벌레에까지 미치고 있습니다. 슬픈 것은 이것들이 모두 인위적으로 다스린 잘못에서 온 것들입니다."

운장은 다시 물었다.

"그렇다면 저는 어떻게 해야 합니까?"

홍몽의 대답했다.

"인위적인 정치의 해독이란 그렇게 엄중한 거요! 그것이 경망하거늘 차라리 자연의 근본으로 돌아가시오!".

운장은 애원하듯이 다시금 물었다.

"저는 선생 같은 지고한 말씀 듣기 어렵습니다. 한 말씀 더 해 주십시오!"

"아! 그래요. 먼저 마음을 기르세요. 그대가 다만 무위 속에 몸을 둔다면, 만물은 저절로 자랄 것이며, 그대의 몸을 잊어버리고 또 그대의 마음을 잊어버리고 나아가서 모든 이치와 외부의 사물을 아울러 망각한다면, 저절로 자연과 합치를 이룰 수 있을 것입니다. 마음을 해방하고 정신도 풀어놓은 채 식어빠진 재나 고목처럼 모든 혼을 버리시오! 그러면 모든 만물은 각각 자기의 근원을 찾을 것이며, 또한 자기의 근원에 돌아간 것을 의식하지 못할 것입니다. 혼돈무지한 상태 속에서 스스로를 회복하지만, 결코 끝까지 그 근원을 벗어날 수 없을 것입니다. 그러나 근원으로 돌아간 것을 알게 되면 곧 그곳으로부터 떠나게 될 것입니다. 그러기에 그 근원에 대한 이름도, 성질도 묻거나 알려고 할 것 없습니다. 만물은 저절로 번창할 것입니다."

운장이 말했다.

"하늘같은 선생께서 저에게 진정한 침묵의 진리를 가르쳐 주셨습니다. 몸 바쳐 구하던 진리를 이제 얻게 되었습니다."

두 번 절하고 머리를 조아린 다음 일어나 작별을 하고 길을 떠났다.

물질적인 물건만이
참된 물건이 아니다

세상 사람들은 남이 자기 의견에 찬동하는 것을 좋아하되, 남이 자기와 의견이 다른 것을 싫어한다. 자기와 같기를 원하면서 자기와 다른 것을 원하지 않는 것은 바로 자기가 여러 사람들 가운데 뛰어나고 싶기 때문이다.

만약 한 사람이 뛰어나기를 원한다면 다른 사람 또한 그러기를 원할 테니, 어찌 그 출중한 생각을 달성할 수 있을까? 나 혼자서 들을 바는 남들이 모두 들은 바보다는 못할 테니, 결국 남들의 의견을 따르는 것만 같지 못하다.

그런데 남을 통치하는 제왕이 되려는 자는 다만 우·탕·문무 삼 왕의 인위적 통치의 장점만 볼 뿐, 그 걱정을 보지 못한 것이다. 이것은 나라의 운명을 요행에 맡긴 것이니, 요행에 기대를 걸었다가 망하지 않은 예가 얼마나 있었던가?

요행에 의존했다가 나라를 존속시킨 예는 만에 하나도 없거니와, 더구나 나라를 파멸에 이끈 예는 만을 채우고도 남음이 없을 정도로 하나도 이룩되지 않았었다.

슬프다. 통치자가 이것을 모르다니!

무릇 통치자는 만물을 소유하고 있다. 만물을 소유한 사람은 물건을 물건으로 알면 안 된다. 물건을 물건으로 알지 않는 사람이라야 물건을 다스릴 수 있다. 물질적인 물건만이 참된 물건이 아니라고 볼 줄 안다면, 그 사람은 어찌 천하의 백성만을 다스릴 줄 알 뿐이랴! 천지사방을 들락거리며, 온 천하 땅을 두루 노닐며 어디라도 흘러 서 홀로 올 줄 아니, 이 경지를 독유(獨有, 일체를 자기 것으로 알고 마음대로 왔다 갔다 하는 경지)라고 하며, 이 홀로 모든 것을 소유하게 된 사람이야말로 가장 고귀한 것이다.

하늘의 도와
사람의 도

위대한 사람의 가르침이란 마치 그림자처럼 백성의 모양과 소리를 따르는 것과 같을지니, 백성이 물으면, 이를 대답하여 그 회포를 다 털어놓아, 백성의 반려가 된다.

그는 고목처럼 쓸쓸히 아무 영향이 없으면서도, 무한한 곳에서 활동한다. 모든 만물을 오고가는 혼란한 세속에서 일깨워 무한한 경지에 노닐게 하며, 끝없는 공간 속을 출입하면서 태양과 함께 무궁히 존재케 한다.

그 육체의 존재를 찬론한다면 영원한 천지와 다를 바 없고 그 천지와의 결합에서 자기의 집착을 무너뜨린다. 자기의 집착이 없어지면, 어찌 자기의 소유를 소유로 여길 것인가? 자기의 존재를 미화한 사람은 옛날의 군자들이요, 자기의 존재를 망각하고, 그 존재를 존재로 여기지 않는 사람은 곧 천지의 친구가 되는 것이다.

160

천하기는 하지만 그것에 맡기지 않을 수 없는 것은 물질이다.

낮기는 하지만 그들을 따르지 않을 수 없는 것은 백성이다.

언제나 존재해도 그것을 하지 않을 수 없는 것은 일이다.

거칠기는 하지만 공포하지 않을 수 없는 것은 법이요, 도와 멀기는 하지만 그것을 좇지 않을 수 없는 것은 의다.

사람들과 친하게 지내는 것에 불과하지만 세상에 널리 퍼지 않을 수 없는 것은 인이다.

번잡하기는 하지만 두터이 하지 않을 수 없는 것은 예다.

본성을 순응해야 하지만 높이지 않을 수 없는 것은 덕이다.

하나로 고정하기는 하지만 때에 따라 바꾸지 않을 수 없는 것은 도요, 신령스러워 예측할 수 없기는 하지만, 그것을 따르지 않을 수 없는 것은 하늘이다.

그러므로 성인은 하늘을 잘 살펴 자연을 따르면서도 인위를 조장하지 않고, 자연스레 덕을 이루지만 억지로 수고로이 하지 않고, 스스로 도를 따르지만 꾀를 부리지 않고, 인과 회합하지만 그것을 의지하지 않고, 의를 따르지만 의식적으로 노력하지 않고, 예를 따르면서 굳이 꺼려하지 않고, 일상의 일을 접하면서 굳이 피하지 않고, 법을 따르면서 구태여 어지럽히지 않고, 백성을 의지하면서 그를 경멸하지 않고, 그를 버리지 않는다.

모든 사물이란 결코 그 쓸모가 없는데도 그렇게 하지 않으면 안 된다. 하늘의 도에 밝지 않은 사람은, 그 본성이 순수할 수 없고, 도에 통달치 못한 사람은 슬플 수밖에 없다.

그러면 무엇을 도라고 하는가? 도에는 천도(天道)와 인도(人道)가 있다. 무위인 채로 존귀한 것은 천도요, 인위적이면서 번거로운 것은 인도라 할 것이다. 하늘이 만물의 위에 있듯이 군주는 백성을 다스리고, 만물이 각기 맡은 바 있듯이 백성은 인도를 지키고 있다.

곧 하늘의 도와 사람의 도란 서로 멀리 떨어져 있는 것이니 우리는 이것을 살피지 않을 수 없는 것이다.

자연의 뜻에
따라야 한다

비록 하늘과 땅이 넓다 하지만 그 조화는 균등하고, 만물이 비록 많다 하지만 스스로 자기 성정을 따라 다스려짐은 균일하다. 사람들은 비록 많다 할지라도 주인 노릇을 하는 이는 임금이며, 그 임금은 덕을 근본삼아 모든 백성의 본성을 발휘케 한다.

그러므로 옛말에도 '태곳적 임금은 무위로 다스렸다.'라고 했으니, 그는 바로 자연의 뜻을 따랐음을 뜻할 뿐인 것이다.

도로써 명분을 따진다면, 임금의 명분은 정당화해야 되고, 도로써 분수를 따진다면 군신의 의는 분명해야 되고, 도로써 능력을 따진다면, 관리들의 우열을 가려 알맞게 다스려야 하고, 도로써 널리 관찰한다면, 모든 만물은 타고난 성정대로 활동하고 있는 것이다.

그래서 하늘과 땅에 두루 통달하는 것은 덕이요, 만물에 두루 미치는 것은 도이다.

위에서 사람을 다스리는 자가, 사람들로 하여금 알맞은 일을 갖게 하는 것이 그 일(사람마다 일을 얻게 하는 일을 말함이니, 곧 정치를 뜻한다)이요, 백성들에게 능력을 이루게 하는 것이 기술이다. 이 기술은 일(곧 정치)로 일에서 의리, 의리에서 덕, 덕에서 도, 도에서 자연으로 돌아가는 것이다.

그래서 옛말에도 '옛적에 천하를 다스리던 사람은 욕심이 없어도 천하는 풍족했고, 하는 게 없어도 만물은 잘 자랐고, 조용히 관망해도 백성은 안정하였느니라.'고 했거니와, 옛 책에도 '도와 통달하면 만사가 잘 되고, 무심한 채로 있으면, 천하는 물론 귀신까지도 감복한다.'고 했다.

무위의 하늘

우리 스승께서는 '무릇 도란 만물을 덮어 주고 만물을 실어 주는 것으로 한없이 넓고 큰 것이다. 군자는 그의 마음을 텅 비게 하지 않으면 받아들여질 수가 없는 것이다.'라고 하셨다.

무위로써 일하는 것을 하늘이라고 한다. 묵묵히 말이 없으면서도 언어가 있는 것을 덕이라 하고, 사람을 사랑하고 만물을 이롭게 하는 것을 인이라 하고, 같지 않은 것을 같게 보는 것을 대(大)라 하고, 행동하는 데 차별을 두지 않는 것을 관(寬)이라 하고, 같지 않은 모든 것을 한데 소유하는 것을 부라 하고, 자기의 덕행을 고집하는 것을 기(紀)라 하고, 덕행이 완성됨을 입(立)이라 하고, 무위의 도에 순응함을 비(備)라 하고, 외부의 영향에 뜻이 꺾이지 않음을 완(完)이라 한다.

군자가 이 열 가지에 밝다면, 모든 만물과 일을 포용할 정도로 마음이 관대해지고, 널리 만물이 그를 따르게 될 것이다.

그러한 사람은 황금을 깊이 산에 묻어 두고 구슬을 못 속에 던져 버릴 정도로 보배를 귀히 여기지 않을 뿐더러, 재물과 부귀를 가까이하지 않는다. 또한 장수를 탐하지 않고, 요절을 슬퍼 여기지 않고, 거기다가 영화를 부러워하지 않고 가난을 수치로 여기지 않는다. 만국(萬國)을 한꺼번에 삼키는 부(富)를 보아도 자기의 사유로 삼지 않고, 천하의 제왕이 되어도 영광된 자리라고 생각지 않는다.

지위가 높으면 반짝거리나, 그것이 무너지면 다시 어두워지거늘, 만물은 한 집에 있는 것 같아, 결국 생사도 다를 것이 없는 것이다.

무아(無我)의
상태

황제가 적수 이북을 여행할 때 곤륜산에 올라 남쪽을 바라본 적이
있었다.

그때 그는 현주(玄珠, 진귀한 보배인 검은 진주)를 잃었기에 지혜라는 신
하를 시켰으나 찾지 못했고, 이주(離朱, 눈 밝은 사람)라는 신하를 시켰으
나 결국은 찾지 못했다.

할 수 없이 상망(象罔)[1]이란 신하를 시켰던바 상망은 찾아냈다. 그러
자 황제는 말했다.

"이상하군! 상망만이 그것을 찾을 수 있는 것인가!"

---

1 형상이 있는 듯 없는 듯한 것. 수양을 쌓은 사람의 무아의 상태를 상징한다.

덕이
모자라면

요임금이 천하를 다스릴 때, 백성자고를 제후로 삼았다. 그 뒤 요임금이 순에게 천하를 물려주고, 순이 다시 우에게 물려주자, 자고는 제후를 사직하고 시골로 돌아가 밭갈이를 하고 있었다. 그때 우가 찾아가 물었다.

"선대의 요임금님이 천하를 다스릴 때 선생께서는 제후 노릇을 했건만, 요가 순에게, 그리고 순이 나에게 천하를 물려준 뒤, 선생께서는 제후를 그만두고 밭갈이나 하시니, 그 까닭을 묻고자 합니다."

자고가 대답했다.

"옛날 요임금님이 천하를 다스릴 때에는 상을 주지 않아도 백성은 열심히 일했고, 벌을 주지 않아도 백성은 스스로 조심했었습니다. 지금 임금님은 상도 주고 벌도 가하건만 백성은 더욱 모질어 가니, 이는 무위의 덕이 쇠퇴해 가는 대신 인위적인 형벌이 창궐하는 현상으로 혼란은 오히려 여기서부터 시작되는 것입니다."

자고는 여전히 발을 갈면서 모르는 체했다.

넓고 큰 것을
포용해야 한다

　태초에는 오직 무(無)만 있을 뿐이니, 그 무 속에는 물론 명칭도 있을 수 없었다. 하나[一]라는 것이 생겼으나 그 하나에는 물리의 형체도 없었다.

　모든 만물은 일에서 발생했으니, 그 작용을 덕이라 한다. 그 하나[一]는 비록 형체는 없지만 그 기(氣)를 지니고 있는바, 그것이 간격 없이 주어져 있는 것을 명(命)이라 하고, 양은 움직이고 음은 정지되어 만물로 화생(化生)하니, 그 속에 물질의 속성을 갖추게 됨을 형(形)이라 하고, 그 형체 안에 정신을 보전하여 각각 일정한 법칙에 따르게 됨을 성(性)이라 한다.

　본연의 성을 닦아 근원적인 덕으로 돌아가게 되니, 덕에 이르면 태초의 상태와 일치하게 된다. 태초와 일치하게 되면 마음이 허활(虛豁)해지는바, 마음이 허활하면 넓고 큰 것을 포용하게 된다.

이렇게 되면 새의 지저귐처럼 무심한 데서 말이 흘러나오고, 그 말이 새의 지저귐과 합치될 때 천지와도 하나로 합치되는 것이다.

자연과의 철저한 합치는 겉으로 보면 어리석고 어두운 것 같으니 이런 사람을 현덕(玄德, 현묘한 덕)이라 부르고, 그야말로 태초와 함께 천지에 순응케 되는 것이다.

자기를
망각하는 사람

공자가 노자에게 물었다.

"어떤 사람이 도를 닦는데 그는 보편성과 역행하여 억지소리로 불가(不可)한 것을 가(可)라고 하거니와, 그렇지 않은 것을[不然], 그렇다[然]고 고집합니다. 그런데 일찍이 논설가들이 말하길, '한 개의 돌에서 굳다는 개념과 희다는 개념을 분리시켜 놓으면 허공에 달아 놓은 것처럼 분명해진다.'고도 했습니다. 이런 사람을 성인이라 부를 수 있습니까?"

노자가 대답했다.

"그것은 시비다툼을 하는 작은 벼슬아치나 재주를 부리는 예인들이 몸을 괴롭히고 마음을 피로하게 하는 일과 같은 것이요. 너구리를 잡은 개는 목을 매여 자유를 얻지 못한 나머지 수심을 하고, 날쌘 원숭이는 산에서 잡혀온 뒤 그 방자한 본성을 잃었소.

나는 그대에게 그대가 듣지도, 말해 보지도 못한 것을 말하리다. 무릇 머리도 있고 발꿈치도 있어 사람의 형체를 갖추고서도 마음이나 감각이 없는 사람이 많소. 그러나 유형과 무형을 겸비한 사람은 거의 없소.

무릇 그들이 움직이고 멈추는 것과, 죽고 사는 것과, 망하고 흥하는 것은 모두 작위적으로 되는 것이 아니고 오직 자연을 따라 되는 것이오. 다스리고 가르치는 일은 인위적일 뿐이오.

정치와 교육을 초월하여 만물의 존재를 잊고, 하늘의 이치까지도 잊는 사람을 이름하여 자기를 망각하는 사람이라 하니, 망기(忘己, 자기를 잊음)에 도달한 사람이야말로 자연과 혼연일체가 되었다고 할 수 있지요."

천하를
다스리려면

장려면이 계철을 만나 말했다.

"노나라 임금이 나에게 가르침을 받겠다기에 사양했으나 듣지 않으므로 몇 마디 해 주었거늘, 그 말이 어떤지 한번 들어보게. 내 말은 '반드시 먼저 공손하고 검약하여 충성스런 사람을 발탁하시되, 부정하거나 편애하지 않으면 어느 백성이 화목하지 않을까요?'라 했었네."

계철이 껄껄 웃으면서 말했다.

"그대야말로 제왕의 덕을 말하기엔, 마치 사마귀같이 자그마한 곤충이 물불을 가리지 않고 수레바퀴에 뛰어드는 격으로 당치도 않네! 만일 그렇게 정치를 한다면 마치 자기를 높고 위험한 데다 올려놓고 백성들로 하여금 바라보게 함과 같으니 백성들 가운데 다투어 구경할 사람은 많을 것이네."

장려면이 깜짝 놀라 말했다.

"그대의 말을 들어보니 멍할 뿐이지만 더 말해 보게!"

계철은 계속하여 말했다.

"위대한 성인이 천하를 다스림에는 민심을 따라 백성으로 하여금 스스로 교화하여 순박한 풍속으로 바꾸게 하는 걸세. 그리하여 모든 백성이 악심을 버리고, 각각 개성을 발휘케 되는 법이야! 외부의 사물에도 흔들리지 않고, 자기 본성대로 행동하면서도 백성들 자신은 왜 그런지도 모르고 지내는 거야.

이런 성인이 어찌 요·순처럼 인위적으로 백성을 교화하는 것을 훌륭한 일인 듯 높이 우러러볼 것이며, 또 그것을 희귀한 일인 듯 존경할 것인가? 요·순의 덕과 같아지려는 사람은 반드시 그 마음이 따라서 안정될 것이네."

환경에
적응해야 한다

자공이 초나라에 여행했다가 진으로 돌아갈 때에는 한수 남쪽을 지나가게 되었다.

마침 한 노인이 밭이랑을 일구려고 길을 뚫고 우물에 내려가 물동이를 안아다 물을 주고 있었는데, 끙끙거리면서 힘을 무척 많이 들이고 있었으나 잘되지 않았다.

자공이 그걸 보고 한마디 했다.

"여기에 좋은 기계가 있습니다. 하루에 백 이랑의 밭에 물을 줄 수 있습니다. 힘을 적게 들이고도 많은 일을 할 수 있는데 노인장께서는 써 볼 생각이 없으십니까."

밭일을 하던 노인은 머리를 들고 쳐다보았다.

"어떻게 하는 거요?"

"나무에 구멍을 뚫어 기계를 만든 것인데, 뒤는 무겁고 앞은 가볍게 합니다. 그것으로 물을 뿜으면 빨아올리듯이 올라와 그 빠르기는 금세 물 바닥을 이루는데, 그것을 두레박이라 합니다."

노인은 버럭 화를 내더니만, 다시 웃으면서 말했다.

"나는 우리 선생에게 이런 말을 들었습니다. '기계가 있으면 반드시 꾀하는 일이 있게 되고, 꾀하는 일이 있으면 반드시 꾀하는 마음이 생기고, 꾀하는 마음이 가슴에 번지면 순수한 마음이 없어지고, 순수한 마음이 없어지면 정신과 생명이 안정되지 못하고, 정신과 생명이 방황하면 끝내는 진리를 지닐 수 없다.'라고요.

나도 두레박을 모르는바는 아니지만, 부끄러워서 차마 쓰지 못하는 거요."

자공은 낯을 붉히며 고개를 숙이고 대답을 하지 못했다.

잠시 후 노인이 물었다.

"당신은 무엇 하는 사람이오?"

"공자의 제자입니다."

노인은 기가 차서 말을 이었다.

"아니, 당신이 바로 널리 배운 것을 빙자하여 성인인 체하고, 허황한 말로 백성을 뒤엎고 홀로 거문고를 뜯으며, 슬픈 노래를 불러 명성을 천하에 파느라고 이리저리 돌아다니는 무리가 아닌가?

당신이 정신적 작용이나, 육체를 망각한다면 혹 진리에 접근할지도 모르지만, 도대체 자기 몸도 다스리지 못한 주제에 어찌 천하를 다스린다고 장담을 하는가? 저리 가시오. 내 일을 망치지 말고."

자공은 창피한 나머지 얼굴도 못 들고 쓸쓸히 어쩔 줄 모른 채 삼십 리를 걷고나 서야 겨우 정신을 차릴 수 있었다.

그 제자가 물었다.

"아까 그 노인은 누구십니까? 선생님께서 그 노인을 보자 안색을 잃으시고 종일 생기가 돌지 않습니다."

자공이 대답했다.

"나는 이제껏 천하에 위대한 사람은 공자님 한 분인 줄 알았는데 저런 노인이 또 있었구나.

공자께서는 일찍이 '무슨 일이든 추구하면 성공한다. 그리고 힘을 덜 들이고 성과를 많게 하는 것이 성인의 도'라고 했는데, 지금에 와서는 그렇게 생각되지 않는다!'

무위의 도를 지니면 덕이 완전하고, 덕이 완전하면 육체를 그대로 지닐 수 있고, 육체를 그대로 지닐 수 있으면 정신이 완전한바 정신을 완전히 지니는 것, 그것이 성인의 길인 것이다.

성인은 몸을 인간세에 의탁하고 백성과 더불어 살아가지만 어디로 가는지를 모르고 있다. 바로 그 길은 멀고도 깊어서 스스로 측량할 수 없는 것이다. 그러므로 그 행실은 순화되고, 도덕은 완비되어 공로와 이익과 기교 따위의 가식으로는 성인의 마음을 흔들 수 없는 것이다.

그 노인 같은 사람은 자기 뜻에 맞지 않은 일이면 가지 않고 그 마음에서 나오는 일이 아니면 하지 않는다. 비록 온 천하가 그를 칭찬하면서 그가 말하는 대로 한다 한들 도도하게도 거들떠보지 않고, 온 천하가 그를 비난하면서 그가 말하는 것을 반대한들 모르는 척 받아들이지 않는다. 천하의 비난이나 칭찬이 그에게 아무런 손익을 주지 못하니, 이런 사람을 가리켜 완전한 덕을 갖춘 사람이라 한다. 그러나 나처럼 바람 앞에 물결처럼 나부끼는 필부야 어찌 감히 비견할 수 있겠는가?"

자공은 그 길로 노나라에 돌아가 공자에게 말씀드렸다.

그랬더니 공자께서 말씀하셨다.

"그 노인은 혼돈씨(渾沌氏, 무심하고 무분별한 상태)의 술법을 닦은 사람이지, 절대적인 도 하나만 알고 둘은 모르는 사람이야. 자기 마음을 다스릴 뿐 때를 따라 환경에 적응할 줄 모르는 사람이야.

그는 마음을 밝게 하여 소박함으로 들어갔고 무위함으로써 질박함으로 되돌아갔으며, 본성을 체득하고 순수한 정신을 지니고서 속세에 노닐고 있는 사람이다. 너는 무엇을 놀라워하느냐? 그리고 혼돈씨의 술법을 너와 나로서는 어찌 알 수가 있겠느냐?"

혼돈의 어둠

순망(諄芒)[2]이 동쪽 바다를 찾아가다가 동해 해변에서 우연히 원풍(苑風)[3]을 만났다.

원풍이 말했다.

"당신은 어디로 가오?"

"동해로 간다."

"무엇 하러?"

"바다란 아무리 물을 부어도 차지 않고, 아무리 퍼내도 마르지 않는다. 나는 그런 곳에나 가서 놀아 볼 작정이야……."

"당신은 인간을 다스릴 생각이 없소? 만일 정치에 뜻이 없다면, 당신 나름의 성화(聖化)의 방법을 말씀해 주시오."

---

2 우화의 일종으로 '안개'를 의인화한 것.
3 우화의 일종으로 '산들바람, 동쪽의 폭풍'을 의인화한 것.

"성화의 정치란 관청에서 정치를 시행함에 있어서는 공정을 기하고, 인재를 발탁함에 그 능력을 존중하며, 실정을 파악한 연후에 정치의 힘을 발휘하고, 그 언어에 있어서도 자위(自爲)를 따르면 천하는 저절로 감화되어 다만 손가락만으로 지휘하고 눈을 들어 휘둘러 볼 뿐이라도 천하의 백성은 모두 감복할지니 이를 성화의 정치라고 이른다."

"그럼 덕 있는 사람에 대해서도 말씀해 주십시오."

"덕 있는 사람은 가만히 있을 때나, 행동할 때나 작위적인 사고를 않는다. 시비·선악의 차별을 지니지 않고, 온 천하 사람과 함께 이익을 같이하는 것을 기쁨으로 여기고, 온 천하 사람과 함께 공동으로 수급(需給, 수요와 공급)함을 위안으로 여긴다.

그래서 어미를 잃은 갓난아기처럼 애처롭고 길 잃은 나그네처럼 방황하기도 한다. 재물을 쓰고 남아도 어디서 오는지를 모르며, 음식은 먹고 남아도 어디서 생기는지를 모른다. 이것은 덕인(德人)의 모습이다."

"그럼 신인(神人)은요?"

"훌륭한 신인이란 지혜로 만물을 비추어 비록 일월처럼 밝지만 자기 형체마저도 완전히 망각하니, 이를 널리 비추는 광명이라 한다.

자기 생명을 천지 사이에 붙여 그 천명을 다하도록 천지와 함께 소요하며 즐기면서도 세상만사의 번거로움을 해소하고, 다시 만물이 본래의 참된 모습으로 돌아가게 하니, 이를 혼돈의 어둠이라 한다."

자기 분수에
맞게 살면

문무귀와 적장만계가 무왕이 주나라를 벌하러 가는 군대를 보고 적장만계가 말했다.

"적들이 우순이 다스리던 시대만은 못하군. 그러기에 이런 전쟁을 당하지."

문무귀가 물었다.

"천하가 평정되었는데 순이 나타나서 다스렸다는 말인가? 아니면 천하가 어지러운데 순이 나타나서 다스렸다는 말인가?"

적장만계가 대답했다.

"천하가 평정되기는 누구나 원하는 바네. 그렇다면 하필 순을 끌어내어 정치를 맡기겠는가?

순의 정치는 두창(頭瘡)에 약을 바르고, 대머리에 가발을 씌우고, 병자가 의사를 찾는 이치와 같네. 천하가 조용하면 성인을 번거롭게 할 필요가 있겠는가?

효자가 약을 들고 아버지 병을 간호할 때 그 안색이 초췌하듯이 성인이 나라를 구하는 일로 칭찬을 받는다는 것은 부끄러운 일일세……

진정한 덕이 행해지던 시대에는 어진 사람을 존중하지 않았고, 유능한 사람을 부려먹지도 않았거니와, 위에 있는 군왕은 높은 나뭇가지처럼 영화에 무심했고, 백성은 들에 뛰노는 사슴처럼 제풀로 자랐었네.

사람들은 행위가 단정해도 그것이 의인 줄을 몰랐고, 서로 사랑할 줄 알면서도 그것이 인인 줄을 몰랐고, 성실하면서도 그것이 충인 줄 몰랐고, 진실하면서도 그것이 신인 줄 몰랐고, 잠자코 서로 도우면서도 그것이 은혜인 줄 몰랐네.

이렇게 군민이 순박하고 상하가 평화롭거늘, 아무런 사적을 기록할 필요가 없었으며, 각각 자기의 분수에 그칠 뿐 남에게 가르쳐 전파시킬 필요도 없었네."

길을 잃고
있거늘

효자는 그 어버이에게 아첨하지 않고, 충신은 그 임금을 기만하지 않나니, 이는 훌륭한 이들이요, 신하인 것이다. 부모의 말에 무조건 동조하고 부모의 행동을 무조건 추앙하는 사람은 세상이 못난 아들이라 하고, 임금의 말에 무조건 동조하고, 임금의 행동을 무조건 추앙하는 사람은 세상이 못난 신하라고 한다. 그러나 그것이 반드시 그러리라고 는 보지 않는다.

세상에서 옳다고 하는 것을 무조건 동조하고, 세상에서 잘한다는 것을 무조건 추앙해도 세속은 그것이 아첨하는 사람이라고 하지 않는다. 그렇다면 세상은 부모보다 존엄하고 임금보다 존귀하단 말인가?

그런데 사람은 누구나 그 사람에게 아첨한다고 하면 벌컥 화를 내어 낯빛을 변하기 일쑤나, 실상 그의 일생을 끝내 아첨하는 사람으로 그칠 뿐이다.

그들은 교묘한 비유나 미사여구로 우매한 대중을 불러 모으고 끝내 모순 속에 있으면서도 죄상을 드러내지 않는다. 또 그들은 긴 옷을 걸치고, 울긋불긋 채색으로 장식하여 몸가짐을 바꾸면서 세상에 아첨하고 있으나 스스로 아첨하고 있다고 생각하지 않는다. 뿐만 아니라 남들과 도당을 만들어 서로가 시비를 통용하면서도 자기는 보통사람과 다르다고 뽐내고 있으니, 지극히 어리석은 것이다.

자기의 어리석음을 아는 자는 지극히 어리석은 사람이 아니며, 자기의 미혹을 아는 자는 지극히 미혹한 사람은 아니다. 지극히 미혹한 사람은 일생을 마치도록 자기의 미혹을 깨닫지 못하고, 지극히 어리석은 사람은 일생을 마치도록 자기의 어리석음을 알지 못할 것이다.

세 사람이 같이 걷는 경우에 한 사람이 길을 잘못 든다면, 길을 헤맨 사람이 적기 때문에 목적지에 도달할 수 있으나, 두 사람이 길을 잃어버릴 경우에는 길을 잃은 사람이 많기 때문에 아무리 노력을 해도 목적지에는 이르지 못할 것이다.

그런데 지금은 온 천하 사람들이 모두 길을 잃고 있거늘 내가 아무리 기원한다 한들 길을 찾지 못할 것이니 얼마나 슬픈 일인가?

진리의 말이
나오지 못한 까닭

위대한 좋은 음악은 속된 귀에 들리지 않으나, 절양이나 황화 같은 속된 음악은 누구나 들어서 까르르 웃으며 즐겨한다.

마찬가지로 고상한 말은 뭇 사람들의 마음에 머무를 수 없나니, 진리의 말이 나오지 못한 것은 속된 말이 창궐하기 때문이다.

한 사람이 발꿈치를 치켜들고 나가려 해도 마찬가지로 길을 잃은 채 목적지에 갈 수 없는 것이다. 그런데 지금은 온 천하가 미혹하고 있는 지라 나 하나가 비록 기구한다 한들 그 목적을 구할 수 있겠는가? 얻지 못할 것을 뻔히 알면서 억지로 얻으려 하는 것도 하나의 미혹이다.

그러므로 이를 내던지고 구하지 않는 것이 차라리 옳은 것이다. 억지로 추구하지 않으면 누가 근심 걱정을 주겠는가? 어느 문둥이가 밤 중에 애를 낳자 그는 황급히 등불을 들고 보더라는 얘기가 있는데, 그 것은 그 애가 행여 자기를 닮아 추하지 않을까 두려워하는 것이다.

본성을 잃게 하는
다섯 가지

백 년 된 나무를 베어 술통을 만들고, 거기다 청황(靑黃)으로 채색을 한다. 그리고 끊겨진 나무토막은 개천에 버리기 마련이다. 술통과 버려진 나무토막을 견주어 본다면 물론 아름답고 밉상인 차이는 있지만 두 가지가 나무로서의 본성을 잃은 것은 마찬가지다.

도둑인 도척과 군자인 증자·사추 사이에도 정의를 행하고 안 행한 차이는 있지만 사람으로서의 본성을 잃은 것은 마찬가지라 할 수 있다.

무릇 사람의 본성을 잃게 하는 다섯 가지가 있는데, 그 첫째는 다섯 가지 빛깔이 눈을 어지럽혀 눈으로 하여금 볼 것을 못 보게 하는 것이요, 그 둘째는 다섯 가지 소리는 귀를 어지럽혀 귀로 하여금 들을 것을 못 듣게 하는 것이요, 그 셋째는 다섯 가지 냄새는 코를 자극하여 코를 막게 하고 머리를 아프게 하는 것이요, 그 넷째는 다섯 가지 맛은 입을 흐려 입으로 하여금 미각을 잃게 하는 것이요, 그 다섯째는 분별의 기능이 마음을 어지럽혀 본성을 흩어지게 하는 것이다.

　그 다섯 가지는 모두 생명을 저해하는 것이다. 그런데 양주나 묵적은 애써 이렇게 추구한 나머지 이를 하나의 얻음으로 장담하고 있지만, 내가(장자) 말한 체득과는 다른 것이다.

　무릇 얻어진 것(仁義禮法)은 고달픈 것이거늘, 그걸 체득했다고 할 수 있을까? 그렇다면 그것은 비둘기나 올빼미가 새장 안에 갇혀 있으면서도 무엇을 체득했다고 하는 것과 다름이 없는 것이다.

　또한 좋아하고 싫어하는 것과 소리와 빛깔은 그의 마음을 막아버리는 것이다. 가죽 고깔과 비취새 깃으로 장식한 관을 찬란히 쓴데다가 홀(笏)을 허리에 꽂고, 긴 띠와 긴 치마 따위의 조복(朝服)을 입어 그 겉모양을 꽁꽁 묶어 놓고 있다. 이같이 마음은 나무 울타리로 막고 육체는 몇 겹의 끈으로 묶어 두고는 눈을 두리번거리며, 그 칭칭 감겨진 끈 안에서 스스로 체득한 것이 있는 양 장담한다면, 이는 두 팔을 묶이고 손가락에 차꼬를 채인 죄인이나, 울안에 갇힌 호랑이, 표범이 그 꼼짝 못 할 구속 속에서도 스스로 체득한 바가 있다고 말하는 것과 다름이 없는 것이다.

만물의 근본

하늘의 도는 영원히 운행하여 막히는 일이 없기 때문에 여기서 만물은 생성하고, 제왕의 도도 끝없이 운행하여 막히는 일이 없기 때문에 여기서 온 세상 사람들이 복종하게 되는 것이다. 성인의 도도 끝없이 운행되어 막히는 일이 없기 때문에 여기서 백성들이 감복한다.

하늘의 도를 밝히고, 성인의 도를 통달하고, 제왕의 덕을 사통팔달한 사람은, 모든 행동이 자연 그것이라 언제나 고요하지 않을 수 없다.

성인의 고요함이란 고요함이 좋아서 고요한 것이 아니라, 만물이 마음을 어지럽히지 못하므로 조용한 것이다.

물이 고요하면 수염이나 눈썹까지도 밝게 비추며, 물이 평평하여 중정(中正)함은 큰 목수조차 이를 표준삼아 수평선을 긋게 한다. 이같이 물도 고요하면 무엇을 밝게 비출 수 있거늘, 하물며 영묘한 성인의 고요함이랴! 그것은 곧 천지의 거울이요, 만물의 거울인 것이다.

무릇 마음을 허정(虛靜, 텅 비고 고요함)히 갖고 담담한 태도로 고요한 무위를 즐기는 자는 천지의 안정이 여기에 있고, 도덕의 극치가 여기에 머물러 있는 것이다. 그래서 제왕이나 성인은 이 경지에 마음을 담고 있는 것이다.

여기에 머물면 마음이 공허해지고, 공허해지면 오히려 진실해지고, 진실하면 곧 자연을 다스리게 된다.

또 마음이 공허하면 조용해지고, 조용하면 오히려 자연 속에서 움직일 수 있고, 움직이면 모든 것을 얻을 수 있다.

그리고 조용한 것은 무위요, 무위하기에 신하가 된 직무를 다할 수 있는 것이다. 또 무위의 경지에서는 항상 화락하고, 화락한 마음가짐에는 근심도 멀어지고 수명도 길어지는 것이다.

그래서 마음을 허정(虛靜)히 갖고, 담담한 태도로 고요한 무위를 즐기는 일은 만물의 근본이 된다.

이런 이치를 체득한 나머지 천자가 된 것은 요임금이었으며, 이런 이치를 체득한 나머지 신하가 된 것은 순임금이었다. 이 무위로서 위에 자리하면 제왕 천자의 덕이 되는 것이요, 이러한 허담(虛談)으로 아래에 자리하면 성인이나 소왕(素王)[4]의 길이 되는 것이다. 이 진리에 입각해서 물러나 강호에 즐기면 산림의 은사들도 모두 그 그늘 아래 모일 것이요, 이 진리에 입각해서 세상에 나가 벼슬하면 그 공명은 빛나고 천하도 통일될 것이다.

조용할 때 조용하면 성인이 되고, 움직일 때 움직이면 제왕이 될 것

---

4 임금 자리에는 오르지도 않고 왕도를 행한 분, 공자를 가리킨다.

이며, 아무 하는 일이 없어도 세상은 존경할 것이요, 소박한 채로 앉아 있건만 세상은 아무도 그와 아름다움을 다투려 하지 않는다.

무릇 천지의 덕인 무위를 밝힐 줄 아는 사람은 만물의 위대한 근본이요, 위대한 조종(祖宗)이라 할 것이며, 하늘과 일체가 된다고 할 것이다. 그래서 그 무위는 또한 천하를 고르게 조화하고 사람들과도 화합하는 것이 된다. 인간과 화합하는 일을 인락(人樂), 하늘과 화합하는 일을 천락(天樂)이라 부르게 되거늘, 바로 이런 경지를 지니게 된다.

무심의 경지에
이르면

장자가 말했다.

"내 스승인 자연의 도여!

그대는 만물을 부수건만 결코 포악하지 않고, 은혜를 만세에 끼치건
만 결코 편애하지 않는다. 태고부터 존재하건만 요절이나 장수에는 아
랑곳없고, 천지를 창조하고 만물을 조각했건만 교묘한 재주를 뽐내지
않는다. 이를 천락(天樂)이라 한다."

때문에 옛 사람도 이렇게 말했다.

"천락을 아는 사람은 살아 있는 때면 천도의 사시(四時)를 따라 행동
하고, 죽을 때면 만물의 변화를 따라 함께 변한다. 조용할 때는 음과
작용을 같이하고, 움직일 때는 양과 같이 물결친다."

이래서 천락을 아는 사람은 하늘의 원한을 사거나, 사람의 비난을
받거나, 외물의 괴롭힘을 당하거나, 귀신의 견책을 입는 일이 없다. 그

러기에 옛 사람은 또 이렇게도 말했다.

"움직일 때에는 하늘과 같고 조용할 때에는 대지와 같으나 결국 무심한 것은 마찬가지다. 한마음으로 무심의 경지에 이르면 온 천하도 다스릴 수 있거니와 귀신도 재앙을 주지 못하며, 그 혼도 지킬 줄 모르니, 마음을 하나로 무심한 경지에 안정할 때 만물도 복종하게 된다."

다시 말하자면 허정한 마음으로 천지의 이치를 미루어 이해하면 만물에까지도 통달하게 되니, 이곳이 곧 '천락'이라 하며 천락은 성인의 마음으로 천하 만물을 길러낸다는 말이 되는 것이다.

정신의 운용이나
마음의 작용

무릇 제왕의 덕은 하늘과 땅을 근본으로 삼고, 무위의 도덕으로 주체를 삼아, 아무리 천변만화할지라도 무위로 일상을 삼는다.

무위로 정치를 하면 천하를 다스리고도 유연자적(悠然自適, 여유)하며, 유위(有爲)로 정치를 하면 천하의 백성을 아무리 부려도 부족하기 마련이다. 때문에 옛 사람들은 무위를 존중해 온 것이다.

제왕이 무위의 덕을 지녔다면 백성도 그러할 것이니, 위와 아래가 서로 덕을 같이한다고 할 수 있으나, 백성이 제왕과 덕을 같이한다면, 백성이면서도 임금의 도를 어긋나게 하는 것이요, 백성이 유위의 도를 지녔다면 제왕도 그러할 것이니, 위와 아래가 서로 도를 같이한다고 할 수 있으나, 제왕이 백성과 도를 같이한다면, 임금이면서 백성의 도를 남용하는 것이며, 따라서 제왕은 제왕 노릇을 못 하는 것이다.

그래서 제왕은 반드시 무위의 덕으로 천하를 다스려야 하며, 백성은 반드시 유위의 덕으로 천하의 쓰임이 되어야 하니, 이는 불변의 도인 것이다.

그러므로 옛날에 천하를 통치하던 삼황오제들은 그 지혜가 비록 천지가 자기 수중에 농락할 정도지만, 일은 신하에게 맡겨 스스로 걱정하지 않았고, 언변이 비록 만물을 두루 논할 만해도 그 일은 신하에게 맡겨 스스로 말하지 않았고, 능력이 비록 천하를 덮을 만해도 신하에게 맡기고 스스로 일을 하지 않았다.

하늘이 비록 무엇을 낳으려는데 무심하건만, 만물은 저절로 생겨나고, 땅은 비록 무엇을 키우려는데 무심하건만, 만물은 저절로 자라나고, 제왕은 아무 하는 일이 없건만 천하의 공이 이루어진다.

그래서 옛 사람들은 '하늘보다 신령스런 것은 없고 땅보다 풍부한 것은 없고, 제왕보다 큰 것은 없다.'고 했거니와 심지어 '제왕의 덕은 천지와 겨룬다.'라고 했었다.

이렇듯 무위는 천지를 뒤엎고, 만물을 구사하고, 많은 사람을 부릴 수 있는 도인 것이다.

근본은 위에 있고, 말단은 아래에 있어야 한다. 마찬가지로 정치의 요점은 제왕에 두어야 하며, 번잡한 사무는 신하에게 맡겨야 한다.

삼군과 여러 병사와 무기의 사용 따위는 덕의 말단에 불과한 것이요, 상벌로 백성을 영화롭게 고통스럽게 하는 것이다. 그러나 오형(五刑)을 주는 따위는 가르침의 지엽에 불과한 것이요, 예법과 제도를 제정하고, 관리의 혁명에 대한 사정(司正) 따위의 일은 정치의 조그마한 일단에 불과한 것이요, 쇠북이나 북을 치는 음악에서 무용에 쓰이는 깃털 장식 등은 음악의 일단에 불과한 것이요, 상사(喪事)의 곡(哭)이나 상복의 착법과 상복의 등차 따위는 한갓 상례의 지엽에 불과할 따름이다.

이 지엽적인 다섯 가지는 정신의 운용이나 마음의 작용을 근본으로 삼아야, 비로소 운용되는 것이다.

이 같은 지엽적인 일은 옛 사람에게도 추종한 바 있었지만, 결코 그것을 우선적으로 따지지는 않았다.

자연의
법칙에 따라

임금이 앞서면 신하가 따라간다. 아비가 앞서면 자식이 따르고, 형이 앞서면 동생이 따르고, 어른이 앞서면 젊은이가 따르고, 사내가 앞서면 계집이 따르고, 남편이 앞서면 아내가 그 뒤를 따르기 마련이다.

무릇 높은 것이 앞서고 낮은 것이 뒤따르는 것은 천지의 운행이니, 성인은 천지의 법칙을 본떠서 인간의 질서를 정한 것이다.

하늘이 높고 땅이 낮은 것은 영원불변한 위치요, 봄여름이 먼저 오고, 가을 겨울이 늦게 오는 것은 사시(四時)의 질서인 것이다. 만물이 자람에 있어서 기복과 생사, 그리고 성쇠를 거듭하는 것은 변화의 흐름일 뿐이다.

무릇 하늘과 땅이 아무리 신령스러울지언정, 높고 낮고, 앞서고 뒤따르는 질서를 지켜야 하거늘, 하물며 인간들의 질서 속에서야!

종묘에서는 가까운 친족을 존중하며, 조정에서는 높은 벼슬을 받들며, 마을에서는 고령자를 위하며, 일하는 데는 현인을 추어올리는바, 이는 천지자연의 엄숙한 질서인 것이다.

도를 말하면서 질서를 따르지 않으면 도라 할 수 없고, 도를 말하면서 그것이 도가 아니라 한다면, 어찌 도를 깨달을 수 있을까?

이래서 옛날 대도에 밝은 사람은 먼저 자연을 밝히고, 자연을 밝힌 다음에 도덕을 밝혔고, 도덕을 밝힌 다음에 인의를 밝혔고, 인의를 밝힌 다음에 분수를 밝혔고, 분수를 밝힌 다음에 언론과 실제를 밝혔고, 언론과 실제를 밝힌 다음에 재주에 따라 임명했고, 재주에 따라 임명하는 일을 밝힌 다음에 실효를 살폈고, 실효를 살핀 다음에 시비의 판단을 내렸고, 시비의 판단이 내린 다음에 상벌을 밝혔고, 상벌을 밝힌 다음에 어리석고 슬기로운 사람을 적당히 배치하고, 나아가서 귀천의 자리를 정하여 어진 사람이나 어리석은 사람이 모두 자기의 실정대로 그 능력에 맞는 일을 맡아, 그 지위의 명분을 충실히 한 것이다.

이렇게 윗사람을 섬기고, 백성을 기르고, 이런 도리로 외물을 다스리고, 내 몸을 닦되, 인위적인 지모를 쓰지 않고 자연의 법칙에 따랐다. 이것을 두고 태평이라 말하는 것이니, 다스림의 극치라 할 수 있을 것이다.

북을 치면서
도망자를 찾는 사람

공자가 주나라 도가 건질 수 없이 쇠락함을 알고, 그의 책을 주나라 서고에 두려 하거늘, 자로가 말했다.

"제가 듣자니 주나라의 서고를 관리하던 관리에 노담(노자)이란 사람이 있는데, 지금은 벼슬을 그만두고 은거한다고 합니다. 선생님께서 그곳에 책을 두시려거든 한번 가셔서 물어 보십시오!"

"그래!"

공자가 노담을 찾았으나, 노담은 탐탁지 않게 여겼다. 그래서 공자는 자기가 편찬한 '십이경'을 풀어 헤치고 그 내력을 설명했다.

한참 듣고 있던 노담은 입을 열었다.

"너무 번잡하니, 요점만을 들려주시오!"

"요점은 어짊과 의로움, 인의에 있습니다."

"인의란 사람의 본성이오?"

"그렇습니다. 군자가 어질지 않으면 이름과 행실을 이루지 못하고, 또 군자가 의롭지 못하면 살아갈 수 없습니다. 인의는 참으로 사람의 본성이거늘, 무엇을 의심하십니까?"

"그럼 인의란 무엇이오?"

"충성하는 마음으로 만물이 안락하기 바라며, 공평히 사랑하되 사심을 없애는 것이 인의의 내용입니다."

노담은 탄식하듯 말했다.

"당신의 말은 후세 사람들의 언론에 가깝구려. 널리 사랑한다는 것은 어리석은 일이 아니오? 사사로움이 없다는 것이 바로 사사로움인 것이오. 당신도 이 천하 백성이 잘 양육되길 바라지 않소? 그렇다면 들어 보시오.

이 천지에는 본래 일정한 법칙이 있어, 일월은 하늘에 빛나고, 별들은 하늘에 널리 반짝이고, 새와 짐승은 산에서 떼를 이루고, 나무는 대지에 서 있게 된 것이오.

당신도 덕에 맡겨 세상을 소요하고, 도를 따라 인간세를 사노라면, 그보다 좋을 수 없으리니, 하필이면 발버둥 치며 인의를 표방한단 말이오? 그것은 바로 북을 치면서 도망친 사람을 찾는 것과 다름이 없는 것이오. 개탄스러운 것은 당신이 바로 사람의 천성을 어지럽히고 있는 것이오."

본성을
지나친 것

사성기가 노자를 찾아뵙고 물었다.

"나는 선생이 성인이란 말을 듣고 멀리서 오느라 수없이 여관을 전전하는 동안 발도 부르텄으나 쉴 겨를이 없었습니다. 이제 선생을 뵈오니, 성인치고는 너무 실망이 큽니다. 글쎄 쥐구멍에는 쓰레기가 쌓일 정도로 흥청거리는데 어리석은 혼매한 무리들을 내팽개치고 돌보지 않으시니, 그것은 어질지 못한 소치요, 날 것이나 삶은 음식을 눈앞에 수북이 쌓아 두고도 축재에 여념이 없으니 말이오."

노자는 아무 대응도 없었다.

사성기는 이튿날 다시 노자를 찾아 말했다.

"어제는 선생님을 풍자했으나, 오늘은 그런 생각이 사라졌으니 웬일입니까?"

그제야 노자는 말했다.

"나는 사실 그따위 교묘한 지식이나, 신령스런 성인을 자처하는 부류에서는 초탈했다고 본다. 어제 그대가 나를 소라고 불렀으면, 나를 소로 알았을 것이며, 나를 말이라 불렀으면, 나를 말로 알았을 것이다. 정말 그런 사실이 있다면 남들은 그렇게 이름 지어 부를 것이거늘, 만일 그 명칭을 거부한다면, 오히려 재앙을 받기 마련이다. 내가 남에게 복종하려는 것은 오랜 습관이 되었다. 그러나 일부러 복종하는 것은 아니고, 다만 무심할 뿐이다."

사성기는 노자의 말을 듣고, 노자가 두려운 나머지, 노자의 뒤를 따라가면서도 그 그림자를 밟지 않았다. 그리고 조심스럽게 물었다.

"수신은 어떻게 합니까?"

노자의 대답이었다.

"그대의 얼굴은 몹시 불안하여 눈빛은 두리번거리고, 이마는 높고 훤한데다 입은 쭉 찢어져, 그 외양이 호걸스러워 보이는군. 마치 고삐에 매어 둔 말처럼, 뛰고 싶은데 참고 있는 것 같군! 스스로를 억제하면서 서 있는지라, 풀어만 주면 화살처럼 빠르겠고, 또 시비에도 명철하고 영리하여 본성을 지나친 것이 보이는군!

이런 것들은 진실한 모습이 아니야! 만일 변경에 서성이면, 사람들은 자네를 도적으로 볼지도 모른단 말이야!"

노자가 크게 웃으며 말했다.

아는 자는 침묵하고
말하는 자는 무지하다

노자가 말했다.

"도란 아무리 커도 다함이 없고, 아무리 작아도 버리지 않는다. 그래서 도는 모든 만물 속에 내재하고 있다.

그것은 넓고 넓어 모든 것을 포용했고, 깊고 깊어서 측량할 수 없다. 형체나 덕, 그리고 인의 따위는 정신의 지엽에 불과한 것이니 지극한 사람, 지인(至人)이 아닌 이상, 그것을 판단할 수 없는 것이다.

만일 지인이 세상을 통치한다면, 얼마나 위대한 일인가? 지인이라면, 천하의 지배쯤이야 부담으로 여기지 않을 것이다. 천하 사람이 모두 권력을 다툴지라도 그들과 더불어 좇지 않을 것이며, 진실에 몸을 맡기고 영화와 재리(財利)에도 아랑곳없이 다만 사물의 진실을 궁리하여, 그 근본을 지킬 따름이다.

그러므로 천지도 망각하고, 만물의 존재도 마음에 두지 않은 나머지, 정신은 아무런 곤욕을 당하지 않는다.

무위의 도에 통달하고, 무위의 덕과 일체되어, 인의를 물리치고 예악을 배척하면, 지극한 사람의 마음은 비로소 안정의 경지에 머무는 것이다.

세상 사람들은 도가 글 속에 있다 하여 책을 존중하지만, 책은 말을 기록한 것에 불과하거늘, 말에도 귀함은 있으나, 말에서보다 중요한 것은 그 내용이다.

그 내용은 도에서 나오는바, 그 도는 빛깔도 소리도 없어서 말로 전달할 수 없는 것이다.

그런데 세상에서는 흔히 언어를 존중하고, 책을 전하고 있다.

그만큼 세상은 그것을 존중하고 있지만, 나는 그것을 존귀하게 생각지 않는다. 그것은 귀하지도 않은 것을 귀히 생각하고 있기 때문이다.

세상에서 눈으로 볼 수 있는 것은 형체와 빛깔이요, 귀로 들을 수 있는 것은 이름과 소리이다.

슬프다! 세상 사람들은 형체와 빛깔, 그리고 이름과 소리로 사물의 본색을 얻을 수 있다고 여기고 있다. 형체와 빛깔, 소리와 이름이 과연 진리를 체득하는 데 무용한 것이거늘, 옛말에 '아는 자는 침묵하고, 말하는 자는 무지하다.'는 것은 바로 이것을 뜻하니, 도대체 세상 사람이 이 도리를 알고 있는 것일까?"

제나라 환공이 대청 위에서 글을 읽고 있었는데, 마침 윤편이란 자가 뜰 아래에서 수레바퀴를 깎다가 망치와 끌을 내던지고 올라와 말을 걸었다.

"삼가 아룁니다. 공께서 읽으시는 책에는 무엇이 적혀 있습니까?"

"성인의 말씀이지."

"그 성인은 지금 살아 계시나요?"

"벌써 죽었지."

"그렇다면 공께서 읽으시는 것은 옛 사람의 찌꺼기겠군요."

"내가 책을 읽는데, 수레나 고치는 사람이 너무 당돌하군! 자네 말에 일리가 있다면 몰라도, 없다면 당장 죽이고 말 테다!"

윤편은 차근히 대답했다.

"저는 제가 하고 있는 소신대로의 경험으로 말씀드린 것입니다.

수레바퀴를 깎는데, 서서히 깎으면 헐렁해서 꽉 끼이지 못하고, 총 망하게 깎으면 너무 죄어서 들랑거릴 수 없습니다. 서서히도, 총망하지도 않게 해야 되는데, 그것은 제 손에 익혀 마음에 짐작되는 일이니 입으로는 도저히 표현할 길이 없습니다. 아무튼 말할 수 없는 어떤 기술이 여기에 있는 것입니다마는, 이것은 자식에게 가르쳐 줄 수도 없거니와, 자식도 배울 수 없다고 합니다.

그러는 가운데 나이 70이 되어도 아직 수레나 깎고 있습니다.

옛 성현들도 자기 것을 전하지 못한 채 죽었을 것이니, 공께서 읽으시는 책도 기껏해야 옛날의 성인이 남긴 찌꺼기가 아니겠습니까?"

명산이 보이지 않는 까닭은

어떤 사람이 장자에게 '어짊'이 무어냐고 물었다.

장자가 말했다.

"호랑이와 이리 같은 것이 어짊이오."

"무슨 소리지요?"

"그놈들도 아비와 새끼가 서로 친한데 어찌 어질지 않다고 하겠소?"

"지극한 어짊에 대하여 여쭙고자 합니다."

"지극한 어짊에는 친함이 없는 거요."

"제가 듣기에 친함이 없으면 사랑이 없고, 사랑이 없으면 불효한 것이라 하는데, 지극한 어짊이 효성스럽지 않다고 해도 괜찮겠습니까?"

"그렇지 않소. 지극한 어짊이란 존귀한 것이오. 효도 같은 것으로 그것을 말하기에는 부족하오. 당신은 최고의 어짊이 효도를 초월한 것이 아니라 효도에 미치지 못한다고 말하는데, 그것은 틀린 생각이오.

남쪽으로 여행하는 사람이 영 땅에 닿으면, 북쪽을 쳐다보아도 명산이 보이지 않는 까닭은 너무 멀리 떨어졌기 때문이오.

최고의 어짊과 효도 사이의 거리는 이와 비슷하오. 그기에 옛말에도 '공경으로써 효도하기는 쉬워도, 사랑으로 효도하기란 어렵다. 또 사랑으로 효도하기는 쉬우나 어버이의 존재를 잊기는 어렵다. 더 나아가서 어버이의 존재를 잊기는 쉬워도, 어버이가 나를 잊게 하기는 어렵다. 또 어버이가 나를 잊게 하기는 쉬워도, 천하까지 함께 잊기는 어렵다. 그보다 천하까지 잊기는 쉬워도, 천하 사람들로 하여금 자기를 잊게 하는 것은 가장 어렵다.'고 했소.

바로 이것이 최고의 어짊에 나아가는 순서요.

무릇 참된 덕은 요·순이란 존재도 까마득히 잊어버린 채 자연에 맡겨 작위적인 행동을 하지 않으며, 그 은혜가 만세에까지 미친다 해도 천하 사람은 그 덕을 인식하지 못하니, 이는 바로 천하와 함께 자아를 잊어버리는 경지를 말함이오.

어찌 한숨을 쉬면서 덮어놓고 어짊이니 효니 하는 낡은 것을 찬미하고 있겠소?

무릇 효도와 공경·어짊과 의로움·충성과 신용·정절과 결렴 따위는 억지로 인성을 교정하여 그 타고난 본래의 덕성을 수고롭게 하는지라 결코 권장할 것은 못 되오. 그래서 옛 사람들의 말에는 다음과 같은 것이 있소.

'지극히 존귀한 사람은 벼슬마저도 내던지는 것, 지극한 부자는 큰 재산마저도 던지는 것, 지극한 소망을 얻은 사람은 명예마저 버리는 것.'이라 했소.

때문에 도는 부귀와 명예를 버린 영원불변의 것이오."

아무도 예측할 수
없는 변화

북문성이 황제에게 물었다.

"폐하께서 함지의 음악을 동정 뜰에서 연주했을 때, 처음에는 두려운 마음이 생기더니, 조금 더 들으니까 이제는 온몸이 노곤해졌고, 끝내는 멍하니 아무것도 느낄 수 없이 몽롱해져 자기 자신마저 잃어버린 그런 기분이었습니다."

"그랬을 것이다. 나는 처음에 인간을 순응하다가 나중에는 자연의 도를 순응하게 되었다. 음악으로 비유해도 마찬가지다. 바꿔 말하면, 인간의 예의에 따라 행동했지만 나중에는 자연의 도에 들어가 경지를 이룩했던 것이다.

무릇 극치의 음악이란, 먼저 인간의 일을 다루다가 자연의 도를 따르기 마련이고, 인간계의 오덕(五德)에 따라 행동하다가 결국은 자연에 순응하게 되는 것인데 그때라야 춘하추동에 조화되고, 만물에 이르기까지 혼연한 조화를 이룩하게 되는 것이다.

네 계절은 서로 때가 바뀌고, 만물 또한 질서를 따라 생장하듯이, 내 음악도 한 번 치솟았다가는 또 가라앉기도 함은 마치 봄에는 문(文)의 음향이, 가을에는 무(武)의 음향이 연주되는 것과 같다.

또한 한 번 맑으면, 또 흐려지기도 하여 음과 양이 조화된다. 음과 양이 조화되면 만물이 생장하고, 화기가 번져 불빛을 내니, 이것은 무성(無聲)의 음악인 것이다.

봄이면 땅 속에 움츠렸던 벌레가 봄 하늘에 울려 퍼지는 우레에 놀라 일어나듯이 사람을 놀라게도 한다. 그런가 하면 그 음악은 갑자기 끊겨 꼬리가 없어지기도 하고, 갑자기 울려 어디서 시작되는지 그 머리를 찾을 수도 없다. 이처럼 한 번 죽음이 오면, 삶도 한 차례 겪게 되고, 한 번 넘어지면, 다음에는 일어날 수 있나니, 이처럼 변화는 영원히 무궁하여 아무도 예측할 수 없는 것이다. 내 음악이 바로 그랬던 모양이지. 그래서 네가 듣기에 두려웠던 거야!

나는 두 번째로 음향의 조화를 연주하면서 그 음악에다 해와 달의 광명을 비추어 보았다. 그 소리는 길기도 하고 짧기도 했는가 하면, 부드럽다가 억세기도 했다. 변화는 한결같이 가지런하고, 옛 것을 지키거나 고집하지 않았다. 마치 골짜기를 만나면 골짜기를 채우고, 구멍을 만나면 구멍을 채우는 듯 어디에나 넘쳐흐르고 있다. 그리고 마음의 구멍을 막고 고요한 정신을 지키면서 그 물건의 크기를 따라 순응했다. 그 소리 넓게 울려 퍼지고 그 이름 높이 빛난지라, 귀신도 그윽함의 세계를 지키고, 해와 달과 뭇 별도 그 가는 곳을 따라 유연히 운행한다.

나는 다시 그 음향이 극점에 머물게 하고, 다시 막힘없이 흐르게 한다. 이 경지에 이르러 내가 그것을 알려 해도 그것이 심식(心識)이 아니라 알 수 없고, 보려고 해도 그것이 성색(聲色)이 아니라 볼 수 없고, 좇으려 해도 그것이 형질(形質)이 아니라 잡을 수 없을지니, 사방으로 텅 빈 대도에 멍하니 서서, 말라빠진 오동 책상에 쓰러져 흐느낄 따름이다.

눈으로 그 음악의 보이지 않는 곳을 뚫어지게 보고, 힘으로 그 음악이 달아난 곳을 아무리 좇을지라도 나는 끝내 아무것도 이룰 수 없을 따름이다. 오히려 형체는 공허 속에 짓눌려 육신이 없는 것처럼 부들부들 떨다가 그 송구스런 마음에 결국은 지치고 만다.

나는 세 번째로 권태로움이 없는 생동한 음악을 자연의 성명(性命)에 조화하여 연주했다.

그 음색은 바람이 부는 듯 빽빽한 수풀이 일어나는 듯 수풀과 땅이 온통 노래하는 듯 들려, 형체마저 없어짐을 느꼈고, 그 소리는 천지에 떨쳐 잡을 수 없는가 하면, 어둡고 어두운 경지에 맴돌며 소리마저 없어지는 것 같았다. 다시 그 소리는 방향 없이 울려 퍼지고, 인간세를 떠나 아득한 유명의 세계에 서성인다. 어떤 이는 죽음의 소리라고, 어떤 이는 삶의 소리라고 하고, 어떤 이는 충실한 가을의 노래라고, 어떤 이는 번영하는 여름의 노래라고도 한다. 아무튼 어디엔지 구름 따라 물 따라 유동할 뿐 어느 한 가지에 고착되는 노래는 아니었다.

사람들은 의혹한 나머지 성인에게 물어 본다. 성인이란 만물의 참된 모습에 통달하고, 자연의 운명에 순응하는 사람이다. 그는 자연의 중요한 부분을 열지 않아도 오관(五官)은 맡은 바 능력을 발휘하니, 이를

자연과 즐겨하는 천락이라 하거늘, 언어를 늘어놓지 않아도 마음은 늘 기쁘기만 하다. 그래서 유염씨, 신농씨 같은 성인은 그 경지를 이렇게 찬미했다.

'들으려 해도 그 소리 들리지 않고, 보려고 해도 그 모양 보이지 않고, 그러나 하늘과 땅에 가득하여 육합을 휩싸는구나!'

너는 그 음악을 들으려 해도 잡을 수 없어 초조했을 것이다.

내 음악은 두려운 데에서 시작했으니 두려워하면 그것을 놓을 수 없어 재앙이 되고, 두 번째로는 권태로운 음악을 연주했으니 권태로우면 세상의 구속에서 벗어나고, 마지막에는 미혹(迷惑)의 음악을 연주했으니 미혹되면 어리석어지고, 어리석으면 도와 일체가 된다. 그러면 비로소 도를 안고 만물과 한 덩어리가 되는 것이다."

물 위를 가는 데는
배처럼 적당한 것이 없다

공자가 서쪽 위나라를 유세할 때다. 안연이 사금에게 물었다.

"공자님의 이번 행차를 어떻게 생각하십니까?"

"안타까운 일이지만, 어려움을 당할 것입니다."

"왜 그렇습니까?"

"무릇 제사에 쓰이는 추구(芻狗, 풀로 엮어 만든 허수아비)를 진열하기 전까지는 그것을 바구니에 담아 두고 수놓은 헝겊으로 싸놓는데, 시동과 제를 주관하는 축관이 목욕재계하여 정성껏 다루게 됩니다. 그러나 그것을 제사에 진열하고 나면, 길에 내던지게 된지라 행인들이 그 목이나 등을 짓밟기도 하고, 꼴을 베는 사람들이 그것을 주워 땔감으로 쓸 따름입니다.

만약 그것을 다시 주워 바구니에 담아 두고 수놓은 헝겊으로 싸서 소중히 모시면, 그 곁에 지나면서 자고 눕고 한다면 악몽을 꾸거나 몇 번이고 가위눌리게 될 것입니다.

지금 당신의 선생께서는 옛날에 선왕들이 쓰다 버린 허수아비를 주워 가지고, 그 밑에서 제자들을 모아 놀기도 자기도 하고 있습니다.

그러므로 공자께서는 송나라에 갔을 때 하마터면 베는 나무에 깔릴 뻔하셨고, 위나라에 가셔서는 그 나라 사람의 미움을 받아 발자취까지 깎이는 배척을 받았고, 상나라와 주나라 국경에서는 곤경을 당하셨으니, 이것들이 모두 악몽이 아닙니까?

또 진과 채나라 국경에서는 채나라 사람에게 비적으로 몰려 드디어는 그들의 포위망 속에서 이레 동안이나 익힌 음식을 먹어 보지 못하고 죽음과 삶을 함께 이웃하고 지내었습니다. 이것이 바로 가위눌리는 일이 아니겠습니까?

무릇 물위를 가는 데는 배처럼 적당한 것이 없고, 육지를 가는 데는 수레처럼 적당한 것이 없습니다. 그런데 물을 건너게 된 배를 육지에 떠밀어 올린다면 한평생을 밀어도 몇 자를 옮기지 못할 것입니다.

옛날과 지금이란 물과 육지와 같은 것이 아닙니까? 그리고 주와 노 사이는 배와 수레만큼 이질적인 게 아닐까요? 이제 주나라의 도를 노나라에 시행코자 노력한다면, 이는 바로 배를 육지에 밀어 올리는 것처럼 괜히 수고로울 뿐, 아무런 공적이 없을 뿐 아니라, 반드시 화를 입고야 말 것입니다.

공자께서는 아직 아무것에도 구애되지 않은 움직임과 모든 만물에 순응하여 영원한 자유로움을 모르시고 계십니다.

또 당신은 저 두레박을 보지 않았습니까? 잡아당기면 내려가고, 손을 놓으면 올라옵니다. 그것은 사람이 끄는 대로 따라올 뿐이지 사람을 끄는 것은 아닙니다.

그러기 때문에 올라가거나, 내려가거나 사람들에게 책잡히는 일은 없습니다.

삼황오제의 예의와 법도 그것이 똑같은 데에 장점이 있는 것이 아니라, 그것이 세상을 잘 다스린 데에 있는 것입니다.

비유하자면, 삼황오제의 예의나 법도는 돌배·배·귤·유자 같은 것이지요. 그것들이 서로 맛은 다르지만, 입에 당기는 점에서는 같습니다. 그러기에 예의나 법도 같은 것은 때에 따라 바뀌어야 합니다.

지금 원숭이를 데려다가 주공의 옷을 입힌다면, 원숭이는 반드시 그 옷을 물어 뜯고 찢고 하여 벗어 던져야 만족할 것입니다.

고금의 차이를 본다면, 이는 원숭이와 주공의 차이나 같습니다. 그러기에 절세미인이었던 서시는 가슴앓이로 찡그리면서 그 마을을 다녔다고 합니다. 그런데 그 마을의 한 추녀가 서시의 찡그린 모양을 보고 감탄하여, 집에 돌아가서는 가슴을 부여잡고 온 마을을 찡그리고 다녔다고 합니다. 그러자 그 동리의 한 부자는 문을 잠그고 나오지 않았으며, 한 가난뱅이는 자기 처자를 거느리고 떠나기까지 했답니다. 그 추녀가 찡그리는 서시의 미는 알면서도, 찡그리는 것이 왜 아름다웠는가는 모른 탓입니다. 유감스런 일입니다. 당신의 선생께서도 이 추녀처럼 곤경을 당하게 될 겁니다.”

공자가
노자를 만나다

공자는 51세가 되었으나 그의 도가 크게 알려지지 않았다. 그러자 남쪽의 패 땅에 가서 노자를 만났다.

노자가 말했다.

"당신이 왔구려! 듣자하니 그대가 북방의 현인이라 하더군요. 당신도 도를 터득하고 있겠군요."

공자가 대답했다.

"아직 못 했습니다."

"당신은 어디에서 도를 구하려 하지요?"

"저는 도를 법도에서 구하려고 5년이나 애썼지만 아직도 얻지 못했습니다."

"도를 무슨 방법으로 추구하고 있지요?"

"저는 음양의 이치에서 그것을 추구했습니다마는 12년이 지나도 얼지 못했습니다."

노자는 차근차근 말했다.

"그러겠지요. 도는 무슨 물건처럼 바칠 수 있다면, 누구나 그것을 자기 임금에게 갖다 바칠 것이요, 도를 드릴 수 있다면, 누구나 그것을 자기 부모에게 갖다드릴 것이요, 도를 남에게 설득시킬 수 있다면, 누구나 그것을 자기 형제에게 설득할 것이며, 도를 남에게 물려줄 수 있다면, 누구나 그것을 자기 자손에게 물려주려고 할 것입니다.

그러나 그것을 그렇게 못 한 것은 다른 것이 아니라, 마음속에 도를 받아들일 소양이 없다면, 그것은 가슴에 머물러 주지 않고, 밖으로 그 것을 올바르게 잡을 수 없다면, 그것은 와 주지 않지요.

성인은 마음속에서 끌어내어 보여 주고 싶어도, 만일 외물들이 그것을 받아들일 수 없다면, 끝내 가르침을 보이지 않으며, 또 밖에서 인위적인 가르침으로 침투하려 해도, 도를 받아들일 내적 소양이 없다면, 성인은 그런 사람에게 도를 받아 주지 않지요.

선악에 대한 비평은, 세상 사람들이 두루 쓰던 것인바, 그것을 너무 즐겨 써서는 안 되며, 어짊과 의로움은 옛 임금들이 묵고 간 나그네의 객사인바, 하룻밤쯤 쉬다 가는 것은 몰라도 거기에 오래 머물러서는 안 되며, 오래 머무르면 사람들의 비난이 자자해지는 법이지요.

옛날의 지인(至人)들은 어짊을 사람이 걸어가는 행로처럼 빌려 썼고, 의로움을 하룻밤 자고 가는 객사처럼 의탁했던 것이지요. 그들은 거기서 소요하면서, 겨우 자기 먹을 것만이 생산되는 정도의 땅을 지녔고, 먹고 남는 것이 없을 정도의 채소밭을 경작하였지요. 소요한다는 것은 아무런 인위에 얽매임 없고, 구차하고 간소한지라 한 몸을 기르기에 간단했고, 남을 돕지 않은지라 자기 것을 유출함이 없었지요. 옛날에는 이것을 '참됨을 취하는 노닒'라고 불렀지요.

부를 탐한 자는 재물을 남에게 양보하지 않고, 명예를 탐한 자는 명성을 남에게 양보하지 않고, 권세를 사랑하는 자는 권세를 남에게 양보하지 않는 법이지요. 그들은 권세를 잡으면, 행여 그것이 없어질까 떨고, 권세를 놓으면 그것을 슬피 여기면서 조금도 진실에 눈길을 돌리는 일 없이, 오직 끊임없이 발버둥치고 있으니, 이들을 천벌을 받은 백성이라 하지요.

무릇 원한과 은혜, 뺏는 것과 주는 것, 간(諫)하는 것과 가르치는 것, 생장과 살육, 이 여덟 가지는 정치의 수단이지요. 그러나 이것은 오직 만물의 변화에 순응해서 한쪽으로 막히지 않는 자만이 쓸 수 있지요.

그래서 옛 사람들도 '정치란 바르게 하는 일'이라고 했어요. 마음으로 이를 받아들이지 못하는 자에게는, 아무리 해도 그 마음의 문은 열리지 않을 것이오."

어짊과 의로움

공자가 노자를 만나 인의를 설명했다. 그것을 듣던 노자가 말했다.

"겨를 뿌려 눈에 티가 들어가면 천지 사방의 방향이 흐려지며, 모기나 등에가 살을 쏘면 밤새 잠을 이루지 못합니다.

무릇 어짊과 의로움이란 모기나 등에보다 더한 독을 지니고 있어 사람의 마음을 어지럽게 하니, 그 혼란은 이루 말할 수 없습니다.

그대가 온 천하 사람들로 하여금 소박과 진실을 갖게 하려면, 먼저 그대가 바람에 맡겨 자연스레 행동하시오! 그러면 무위의 덕은 저절로 잡혀지리니, 하필이면 북을 두들기며 도망간 자식을 찾듯이 떠들어 댈 필요가 있습니까?

고니는 날마다 목욕을 하지 않아도 하얗게 정결하고, 까마귀는 매일 먹칠을 하지 않아도 까맣게 우중충합니다. 본래 자연에 의해 희고 검은 것은 그 우열을 가릴 수 없거니와, 명예가 있고 없는 것으로 그 성

능을 논할 수 없는 법입니다.

　샘물이 마르면 고기가 어쩔 수 없이 육지에 기어올라 서로가 습한 숨을 쉬고, 서로가 거품으로 몸을 적시면서 발버둥치지만, 그것은 강물과 호수 속에 노닐면서 모든 것을 잊어버린 상태보다 훨씬 못한 것입니다."

공자가
두려워한 사람

공자는 노자를 만나고 돌아가서는 사흘이나 아무 말을 하지 않았다. 이를 본 제자들이 물었다.

"선생님께서 노자를 만나셨으니, 무얼 가르쳐 주셨습니까?"

공자의 대답이었다.

"나는 이제야 비로소 용을 보았다. 그 용은 변화무쌍하여 몸을 한데 모으면 묘한 체구를 이루고, 기운을 분산시키면 현란한 무늬를 이룬다. 구름을 타고, 음양의 이치를 따라 모든 만물을 기르고 있는 용이 있다. 그 용은 바로 노자였다. 나는 노자를 만나자, 두려운 나머지 입을 벌린 채 닫히지 않더구나. 그런데 어떻게 노자를 가르친단 말이냐?"

제자 중에 자공이 말했다.

"그렇다면 지인(至人)은 죽은 시체처럼 가만히 있어도 그 정신은 용

처럼 변화하고, 그 말소리는 우레처럼 흔들어도 깊은 연못처럼 침묵을
지키고, 어느 때 발동하든 천지 같은 위력을 갖고 있군요. 저도 그 지
인을 만나볼 수 있습니까?"

드디어 자공은 공자의 소개로 노자를 만났다. 노자는 방에 거만스레
걸터앉아 자공을 맞아 나직이 말했다.

"내 나이 늙었거늘, 당신은 나에게 무엇을 가르치려는가?"

자공이 말했다.

"삼황오제가 천하를 다스리는 방법은 달랐지만, 그 명성은 한결같
았습니다. 그런데 유독 선생께서는 그들을 성인이 아니라 하신다니,
그 까닭은 무엇입니까?"

"젊은 친구여! 가까이 오게. 자네는 왜 삼황오제의 통치 방법이 다르
다고 하는가?"

"요는 순에게 왕위를 선양했고, 순은 또 우에게 선양했습니다. 우는
치수에 힘을 썼고, 탕은 걸을 치러 무력을 썼고, 문왕은 주에게 순종하
면서 감히 반역을 하지 않았으며, 무왕은 주에게 반역하면서 끝내 순
종하지 않았으니 이것들이 모두 다른 게 아닙니까?"

노자는 다시 말을 계속했다.

"젊은 친구여! 좀 더 가까이 오게. 내가 삼황오제의 치적을 말할 것
이니 잘 들어보게.

황제가 천하를 다스림에는 천하의 백성이 모두 한결같이 순수하여,
설혹 자기 어버이를 잃고 곡하지 않는다 해도 백성은 그를 비난하지
않았고, 요가 다스림에는 부자 형제 사이에 서로 사랑함이 있게 했으
니, 백성이 자기 부모의 상에 상복을 입는 것으로 친소(親疎)를 가려도

그를 비난하지 않았네.

그러나 순의 다스림에 미쳐서는 백성에게 경쟁심을 불러일으켜, 임부는 열녁 달이 못된 열 달에도 애를 낳고, 애들은 두 살이 안 된 다섯 달에도 말을 지껄이고, 미처 웃을 줄도 모르면서 사람을 알아보게 되었으니 사람들은 자기 천명을 다할 수 없게 되었네.

그 후 우가 다스림에는 민심을 변혁시켜 사람들은, 무기의 사용을 정당화했고, 도둑을 죽이는 것은 살인이 아니라고 주장했는가 하면, 사람끼리 떼를 지어 천하를 횡행했으니 세상은 공포에 쌓이고, 유가·묵가 따위의 백가(百家)가 다투어 일어나게 되었네. 본래 질서가 있었던 것을 지금은 제자들의 흥성으로 이처럼 서로 왁자지껄하게 시시덕거리니 다시 무어라 할 말이 있겠나?

자네에게 호소하거니, 삼황오제의 다스림은 명목상 치적이 있었다고는 하겠지만 사실은 천하를 수습할 수 없게 어질러 놓은 거야. 삼황이 지식을 좋아한 탓으로 위로는 일월의 광명을 어겼고, 아래로는 산천의 정기를 흩트려 놓았고, 가운데는 사시(四時)의 혜택마저 파괴해 버렸네.

그 지혜는 전갈의 꼬리보다 독이 심해, 드문 짐승들조차 타고난 생명을 편안히 보전할 수 없게 하니, 그가 그러면서도 성인으로 자처한다는 것은 얼마나 철면피하단 말인가? 그들은 수치를 모르는 것이네."

자공은 놀라 몸 둘 바를 몰랐다.

발자취는 흔적이지
신발이 될 수는 없다

공자가 노자에게 말했다.

"저는 시(詩)·서(書)·예(禮)·악(樂)·역(易)·춘추(春秋)를 공부한 지 오래되어 그 내용도 익히 알고 있습니다. 그래서 72의 군주를 찾아 유세하면서 선왕의 도를 논하고 주공, 소공의 사적을 밝혔으나, 어느 한 사람도 저를 등용해 주지 않았습니다. 사람을 설득하기나 도를 밝힘이란 모두 어려운 줄을 알게 되었습니다."

노자가 대답했다.

"그대가 세상을 잘 다스리는 명군을 만나지 못한 것은 오히려 다행한 일이오. 무릇 여섯 가지 경서란 선왕들의 낡은 흔적이거늘 결코 남길 만한 큰 도는 아니오. 그대의 말도 그런 발자취이지요. 발자취란 신발의 흔적이지, 결코 발자취가 신발이 될 수는 없소.

재두루미는 암수컷이 서로 눈동자를 마주 보며 응시하는 것으로 새끼를 배고, 또 벌레들은 수놈이 바람 부는 쪽에서, 암놈은 바람 받는 쪽에서 서로 호응하기만 해도 새끼를 배고, 유(類)라는 짐승은 한 몸에서 자웅을 갖추어 혼자서 새끼를 배지요. 그래서 이들은 모두 교배를 거치지 않는 생식이라 말을 하지요.

무릇 본성이란 바뀔 수 없고, 천명 또한 변할 수 없소. 시간의 흐름은 멈출 수 없고, 도의 작용은 막힐 수 없지요.

그러기에 도를 터득하면 모든 것이 가(可)하지만, 도를 잃으면 모든 것이 가하다 할 수 없는 법이지요.”

이 말을 들은 공자는 석 달 동안이나 집에서 궁리하다가 다시 노자를 만났다.

“저는 이제야 도를 깨달았습니다.

까마귀와 까치는 교미를 통해 새끼를 낳고, 물고기는 거품을 통해 교섭을 이루고, 벌은 뽕나무 벌레의 새끼를 제 새끼로 삼거니와, 사람도 동생이 생기면 형은 어버이 사랑을 뺏기므로 울기 마련입니다.

이렇게 만물에는 그 물성이 다른 바, 저는 너무나 오랜 세월 그 조화를 외면하고 살아왔습니다. 그 자연의 조화를 모르고서 어떻게 감히 남을 교화시킨단 말입니까?”

그러자 노자가 대답했다.

“좋소, 그대가 도를 얻은 게군요!”

지리숙과
골개숙

명백 지리숙과 골개숙 두 사람이 옛날 황제가 놀았다는 곤륜의 황야 명백의 언덕을 찾아갔다.

갑자기 골개숙의 왼 팔꿈치에 혹이 생겼다. 그는 깜짝 놀라 그것을 두려워했다.

그러자 지리숙이 물었다.

"자네는 그것이 싫은가?"

"아니, 무엇이 싫겠는가? 무릇 생명이란 빌려 온 것이 아닌가? 생명이란 여러 가지를 빌려다가 빚어 놓은 것이거늘, 먼지나 때에 불과한 것, 우연히 바람에 날리어 이렇게 모여진 것이 아닌가? 생사는 주야가 저절로 바뀌듯이 변하는 하나의 순환인 것뿐이야! 그리고 자네나 나는 생사의 변화를 구경하러 왔거늘 지금은 그 변화가 나에게 닥친 것뿐이야. 그런데 그 자연의 순환을 어쩌자고 싫어하겠는가?"

三

비우고
또 비워야 한다

비우고
또 비우면

　의지를 다듬어 행동을 고상히 하고, 세상의 조류에 영합하지 않고, 고답적인 언론으로 어두운 사회를 비평하며 높은 자세로 처신하는 사람이 있다. 이것은 산림에 숨은 처사요, 세상을 비난하는 사람이거늘, 이들은 포초나 개추처럼 스스로 고민을 즐기는 사람이요, 신적이나 변수처럼 염세하여 연못에 투신하는 사람들이 즐겨하는 소행이다.

　어짊과 의로움, 충성과 믿음을 강론하고 공경과 겸손으로 오로지 자기 몸만을 닦는 사람이 있다. 이는 평화 시에 세상을 다스리는 선비요, 세상을 가르쳐 일깨우려는 사람이거늘, 이들은 천하를 유세하거나, 집에서 학문을 교육하는 사람들이 즐겨하는 소행이다.

　큰 공을 말하고 큰 명성을 세워 군신의 예절을 강론하고, 상하존비의 명분을 바로잡아 오로지 나라를 다스리는 사람이 있다. 이는 조정의 신하들이요, 임금을 존중하고 나라를 부강시키는 사람이요, 공을 세우려 남의 나라를 침략하려는 사람이 즐겨하는 소행이다.

산림에 숨거나 강호를 거닐며 광야에 살면서, 한가히 낚시를 던지면서 오로지 무위의 생활을 하는 사람이 있다. 이는 강해(江海)에 숨은 선비요, 세상을 외면하는 사람이요, 한가함을 좇는 사람들이 즐겨하는 소행이다.

깊은 호흡을 하면서 낡은 기운은 토해 내고 새로운 공기를 마시면서 마치 곰이 나뭇가지를 기어오르고, 새가 날면서 발을 뻗치는 것 같은 체조를 하는 것은 오래 살려는 것일 따름이다. 이것은 신령스런 기운을 인도하는 도사요, 육체를 오래오래 보전하려는 사람이거늘, 팽조처럼 장수하려는 사람들이 즐겨하는 소행이다.

그러나 의지를 다듬지 않아도 저절로 행동이 고상해지고, 인의를 강론하지 않아도 저절로 몸을 닦고, 공명에 뜻이 없어도 저절로 천하는 다스려지고, 강해(江海)에 거닐지 않아도 마음은 한가해지고, 장수하려고 운동하지 않아도 장수할 수 있나니, 여기에는 일체를 망각할 수 있고, 일체를 소유할 수 있다. 그래서 마음이 한 군데에 응체되지 않고 끝없이 넓게 비우면 모든 미덕이 함께 따라올지니, 이것이 곧 천지의 도이며, 성인의 덕이다.

그러므로 옛말에 '담담하고 고요하며 허무하고 무위한 것은 천지를 이루는 평행이요, 도덕의 본질'이라 했거니와, 또 '성인은 여기서 휴식한다.'라고 했으니, 무위에 쉬면, 마음이 태평하고 저절로 즐거워지는 법이다.

태평하고 즐거우면 근심이 덤벼들지 못하고, 사악한 기운도 엄습할 수 없으니, 그래서 덕은 온전한 채 정신도 훼손당하는 일이 없게 되는 것이다.

그래서 옛말에 '성인이란 살아서는 자연에 맡겨 움직이고, 죽어서도 만물의 변화를 따라 아무것에도 얽매이지 않는다.'라고 했다.

고요하면 음과 덕을 같이하고, 움직이면 양과 파도를 같이한다.

복의 앞잡이도, 화의 근원도 아니며, 외부의 자극을 받아야 비로소 대응하고 기회가 닥쳐야 비로소 동작을 취하니, 부득이한 경우라야 일어난다.

지혜와 기교를 모두 버리고, 오로지 자연의 도리를 따를 뿐이다.

때문에 성인은 하늘의 재앙이나, 물질의 번거로움이나, 남의 비난이나, 귀신의 책망을 당할 수 없다. 그의 생존은 물에 떠서 흐르듯 자연에 맡기고, 그의 죽음도 편안한 휴식처럼 어떤 고민이나 어떤 획책에 허덕이지 않는다.

광채는 있지만 결코 반짝거리지 않고, 성실하지만 결코 고집하지 않고, 잠을 자면서도 꿈을 꾸지 않고, 깨어 있으면서도 근심하는 일이 없다.

그 정신은 그만큼 순수하며, 또한 그 영혼은 피로를 모른다.

이렇게 허무와 담담함에 길드는 것만이 자연의 덕에 합치되는 것이다.

때를 만나지
못했기 때문이다

장자가 누더기 옷을 기워 입고, 해진 신을 끈으로 동여맨 채 위왕 앞을 지나자, 위왕이 물었다.

"선생은 어째서 이런 곤경에 빠졌습니까?"

장자가 대답했다.

"가난 때문이지, 곤경에 빠진 것은 아닙니다. 선비가 도덕을 지니고 있으면서도 그것을 천하에 실행할 수 없는 것이 곤경에 빠진 것이요, 옷이 해지고 신이 뚫어진 것은 가난이지, 곤경에 빠진 것이 아닙니다. 제가 당한 이 고통은 바로 때를 만나지 못한 것입니다.

폐하께서는 원숭이를 보신 적이 있습니까?

그놈이 녹나무·가래나무·예장나무에 노닐 때에는 그 가지를 휘어잡고 칙칙한 나뭇잎 사이를 거들먹거리며 재주를 부립니다. 비록 예나 봉몽과 같은 명궁도 그를 감히 겨냥조차 할 수 없습니다.

그러나 원숭이가 석류나무·가시나무·탱자나무·구기자나무 따위의 가시 많은 나무 사이에서 노닐 때에는 행동을 조심하여 사방을 훑어보면서 부들부들 떨기까지 하는데, 이는 원숭이의 근육이나 뼈가 갑자기 굳어진 때문이 아니요, 원숭이가 있는 곳이 불편해서 그 재주를 충분히 부릴 수 없는 것입니다.

선비가 난세를 당해서도 마찬가집니다.

지금 저는 어두운 임금과 어지러운 신하들 사이에 처해 있습니다. 곤경에 빠지지 않으려 해도 어찌 병들지 않겠습니까?

난세에 처해 피곤을 견딜 수 없으면 살신(殺身)의 재화를 면할 수 없으니, 옛날 비간이 간하다가 가슴이 쪼개지는 형벌을 받은 것은 가장 좋은 예가 되지 않겠습니까?"

천박한 욕망

통속적인 학문으로써 인간의 본성을 개선하여 인간의 본성으로 복귀하겠다고 노력하는 사람이 있는가 하면, 천박한 욕망으로 세속을 어지럽히고, 오히려 진리를 얻겠다고 망상하는 사람이 있으니, 이런 사람을 '막히고 어두운 사람, 몽매한 백성'이라고 부른다.

옛날부터 도를 다스리던 사람들은 고요한 경지에서 지혜를 길러 냈으니, 타고난 천성을 비출 뿐 작위적인 지혜를 구하려 노력하지 않았다. 이는 또한 진정한 지혜로 고요한 경지를 길러 낸다고 말할 수 있는 것이니, 지혜와 염담함이(사물에 집착하지 않고 욕심이 없이 마음이 편함) 이처럼 서로 길러 내거늘 그 속에서 조화되고 질서 있는 도덕이 저절로 나오기 마련이다.

무릇 덕은 조화되어야 하며, 또한 이(理)는 순리로워야 할 것이다.

덕은 모든 것을 포용하지 않은 것이 없으니 인(仁)이 되고, 도는 순리롭지 않은 것이 없으니 의(義)가 된다. 의리가 분명해지면, 만물이 모두 정이 들어 붙좇으니 충(忠)이 되고, 속마음이 충실하면, 타고난 본성으로 돌아가니 악(惡)이 되고, 용모와 형체로 실행하고 자연의 절차에 순응하니 예(禮)가 된다.

그러나 예악이 균형을 잃고 억지로 강행하게 되면 세상은 오히려 혼란에 빠지고 만다.

성인은 정도를 밟는답시고 자기의 덕을 백성들에게 입히려 든다면, 반드시 성인의 덕과 백성 사이에 자연적인 감응으로 베풀어져야 하거늘, 만약 예악의 힘을 빌려 억지로 베풀려 든다면 만물은 그 타고난 본성을 그만 잃게 될 것이다.

태곳적 사람들, 즉 삼황 이전 사람들은 혼돈과 망매(芒昧, 세상일에 어둡다) 속에서 한결같이 무위자연을 영위했으니, 당시는 음양이 서로 조화를 이루어 안정하였고, 사시(四時)의 운행과 절차도 맞추었고, 모든 만물이 상해를 받거나 생물이 비명에 죽는 일이 없었고, 인류는 비록 지혜를 가졌으나 쓸 곳이 없었다.

이를 절대적인 자연과의 일체인 '지일(至一)'이라 하였다. 다시 말하면 시대는 인위를 버리고 자연만을 순응하던 시대라 할 수 있다.

그러나 무위의 덕은 점점 쇠락되어 수인씨·복희씨의 시대가 되자, 비로소 인위적인 다스림이 등장했다. 그들은 비록 백성들의 민심에 순응했으나 결코 태곳적처럼 인간이 자연과 일체가 될 수는 없었다.

덕은 더욱 쇠락되어 신농 황제 때가 되자, 인위적 다스림은 강화되어 비록 천하를 안정하게 유지했으나, 결코 천하의 민심을 따를 수는 없었다.

시대의 변천과 함께 덕은 다시 쇠락되어 요·순의 세상이 되자 그들의 인위적인 정치는 강기(綱紀, 나라의 법규와 사회의 도덕)와 백관(모든 벼슬아치)으로 교화했으나, 순박했던 민심은 날로 엷어지고, 무위의 도를 떠난 채 선을 구하고, 무위의 덕을 어긴 채 행동을 하니, 사람들의 본성은 상실되고 분별심이 얽매여 급급하게 된 것이다.

사람들의 마음과 마음은 피아로 갈라져서 서로 경쟁을 벌이니, 여기에는 다만 음모와 시기만 번질 뿐, 천하를 안정시키기에는 너무 부족하였다.

그 뒤 세속적인 예문(禮文, 전례와 제도)으로 허식하는 이가 있는가 하면, 세속적인 학문으로 박식을 뽐내는 이도 있었다.

그러나 예문은 실질적인 것을 훼멸시켰고, 세속적인 학문은 사람들의 마음을 미혹에 빠지게 했다.

그 뒤 사람들은 미혹과 혼란 속에서 다시는 인간의 본성을 되찾고 본래의 천진을 회복할 수 없었다.

몸을
보존하는 길

이렇게 볼 때 세상은 도를 상실하게 했고, 도는 세상을 상실케 했다. 세상과 도는 서로가 상대를 상실케 했으니, 도를 지닌 사람이 어떻게 세상에 나타나서 자기의 도를 행할 수 있겠는가? 그리고 세상도 어떻게 순박한 고풍(고상한 품성)의 도를 회복할 수 있겠는가? 도를 지닌 사람이 세상에 나타날 수 없고, 세상이 또한 순박한 고풍의 도를 부흥시킬 수 없다면 성인이 비록 산림 속에 숨지 않는다 해도 그 성인의 덕은 사람들에게 보이지 않아 숨겨지지 않을 수 없는 것이다.

이렇게 숨겨진 바에야 일부러 자기를 숨길 필요가 없는 것이다.

옛날의 이른바 은사라는 사람도 결코 일부러 그 몸을 숨겨 사람들의 눈에 띄지 않으려는 것은 아니었으며, 일부러 입을 다물어 발표하지 않으려는 것도 아니었으며, 자기의 지혜를 숨겨 드러내지 않으려는 것도 아니었다. 다만 시세가 불우했기 때문에 그럴 수밖에 없었던 것이다.

시세가 순조로운 때를 만나서 큰 도를 천하에 펼 수 있었다면, 세속적인 인간들을 순일(純一)한 무위의 덕으로 돌아가게 하여 아무런 흔적을 남기지 않았을 것이다.

그러나 불우한 때를 만나서 자기의 도를 세상에 펼 수 없음을 알았을 때엔, 자기의 생명은 깊이 자연에 의탁하고 지극한 본성을 보호하면서 운명을 기다리고 있는 것이 몸을 보전하는 길이 된다.

자기 본성을
잃는 사람

옛날부터 자기 몸을 잘 보전하는 사람은 변설(辯舌)로써 작은 지혜를 꾸미려 하지 않았고, 또 그 작은 지혜로 천하를 알려거나, 자연의 덕을 알려고 하지 않았다는 것이다.

다만 홀로 자기 위치를 지키면서 자기 본성으로 돌아가려 한 것뿐이니, 여기에 무슨 인위적인 노력이 필요했겠는가?

도란 본래 작위적인 것이 아니고, 덕이란 본래 지혜로 얻어지는 것은 아니다. 인위적인 지혜는 덕을 손상하고 인위적인 작용은 도를 손상한다. 그러기에 옛말에도 '자기 몸을 바로잡을 뿐이다.'라고 했지 않은가? 이처럼 자기의 천성을 아무것에도 손상당하지 않는 즐거움을 얻는 것을 '득지(得志)'라고 한다.

옛 사람이 득지했다고 말함은 결코 고관대작이 되었다는 것이 아니고, 일신의 즐거움이 더 바랄 것이 없는 정도를 말한다.

그러나 요즘 사람이 말하는 득지는 고관대작을 의미한다. 그러나 고관대작을 둘러썼다는 것은 결코 타고난 성명이 아니라, 외부의 사물이 우연히 와서 잠시 몸에 붙어 있음에 불과하니, 무릇 기생하는 것이란 오는 것을 막을 수도 없는 것이요, 가는 것을 만류할 수도 없는 것이다.

그러기에 도를 지닌 사람은 자기의 관작이 높다 해서 방종하지 않으며, 자기의 처신이 곤궁하다 해서 세속에 동조하지도 않는다. 관작이 높거나, 처신이 곤궁하거나, 그 즐거움은 마찬가지며, 따라서 아무런 근심이 없는 것이다.

지금 세속 사람들 사이에 잠시 기생하는 관작 따위를 놓치면 실의에 빠지기 일쑤다. 이렇게 본다면 그들이 비록 즐겁다 할지라도 외물에 대하여 걱정하지 않을 수 없었을 것이다. 때문에 옛 사람들은 이렇게 말한다.

"외부의 사물에 자기를 잃게 되고, 세속 때문에 자기 본성을 잃는 사람을 두고서 본말(本末)을 '거꾸로 하는 백성들'이라 말하는 것이다."

하백의 탄식

가을장마가 지나자, 온갖 냇물이 황하로 몰려든다. 황하는 갑자기
물이 불어 양쪽 기슭이나 언덕을 바라보면, 거기에 서 있는 것이 소인
지 말인지 분별할 수 없을 정도였다. 이래서 황하의 물귀신인 하백은
몹시 신이 나서 천하의 아름다움을 자기 혼자 점유한 양 득의만만했
다. 강줄기를 따라 동쪽으로 흘러가 북해에 이르렀다. 그래서 동녘을
향해 멀리 굽어보면 아득한 저쪽에 끝이 보이지 않았다.

그때야 비로소 황하의 신은 얼굴을 돌려 북해의 신인 약을 우러러보
면서 탄식을 했다. "속담에 '겨우 백 개쯤의 도를 알고 천하에 자기보
다 아는 자 없는 줄 안다.'고 하더니, 나를 두고 한 말이군요. 내 일찍이
공자의 견문을 업신여기고, 백이(伯夷)의 절의도 업신여긴 이론을 듣
고 그것이 믿기지 않았더니, 지금 당신의 그 무궁한 위대 앞에서 그런
속담이 그럴싸한 것임을 알았습니다. 난들 만일 선생님의 문하로 찾아

와 보지 않았던들 큰일 날 뻔했구려. 나는 오랫동안 위대한 도를 터득한 사람들의 비웃음을 받을 뻔했습니다.”

바닷물은
장마나 가뭄에도
아랑곳없다

북해의 신인 약이 말했다.

"우물 안 개구리에게 바다의 얘기를 들려 줄 수 없는 것은 그 개구리가 우물 안 작은 공간에 구속된 까닭이며, 여름 벌레에게 얼음 얘기를 들려 줄 수 없는 것은 그 벌레가 여름이란 한 계절에 지배당했기 때문이요, 시골 선비에게 큰 도를 들려 줄 수 없는 것은, 그 선비가 고리타분한 예교(禮敎, 도에 대한 가르침)에 속박당했기 때문이다.

그러나 당신은 이제 좁은 강물을 빠져 나와 큰 바다를 보았으니, 당신은 지금 자기의 못남을 알았을진대 당신과는 커다란 진리를 얘기할 수 있게 되었군!

천하의 물은 바다처럼 큰 것은 없다. 모든 냇물이 바다로 모이니, 그 흐름은 언제 그칠 줄 모르게 영원한 것이지만, 결코 넘치지 않는다. 바다 밑 미려(尾閭, 바닷물이 새는 곳)에서는 구멍이 있어 물은 언제 그칠 줄 모르게 새고 있지만, 결코 마르지 않는다.

비록 계절은 봄가을로 변하지만, 바닷물은 마냥 그대로 있어 장마나 가뭄에도 아랑곳없다.

그리고 바다의 용량은 양자강이나 황하보다 커서 용량으로 그를 가늠할 수 없지만, 나는 일찍이 스스로 뛰어났다고 생각해 본 일이 없다. 다만 천지 간에 무수히 존재한 만물 틈에 형체를 갖추어 음양의 기운을 받았을 뿐, 그 이상의 것도 아닐진대 내가 하늘과 땅 사이에 존재하는 것은, 자그마한 공깃돌이나 나무가 커다란 산의 한 구석에 자리 잡고 있는 것이나 다름이 없기 때문이다. 이렇게 스스로를 비소(卑小)하게 보거늘, 어찌 감히 스스로 뛰어났다고 할 수 있겠는가?

다시 이 세계가 하늘과 땅 사이에 점유하는 공간을 재어보면 개미집이 커다란 산에 뚫려 있는 것이나 무엇이 다르겠는가? 또 중국이 이 세계 가운데 점유하는 공간을 재어 보면 한 알의 패(稗, 피)가 커다란 창고에 뒹굴고 있는 거나 무엇이 다르겠는가?

만약 이 세상에 존재하는 만물의 종류를 몇만으로 일컫는다면, 사람은 그중에 하나에 불과할 뿐이요, 다시 중국 구주(九州)에는 사람이 모여들어 거기에 온갖 곡식을 심고 배와 수레가 오락가락하거늘, 사람은 겨우 그중의 하나에 불과할 뿐이니, 하나의 개인을 만물에 비교한다며, 한 오라기의 털이 말의 몸뚱이에 나 있는 것과 무엇이 다르다고 하겠는가?

무릇 오제(五帝)가 천자 자리를 서로 물려준 것이나, 삼왕(三王)에 이르러 서로 다툰 것이나 어진 사람이 근심했던 것이나 일을 맡은 벼슬아치들의 노고 같은 일들도 결국은 이런 것에 불과한 일이 아닐까?

백이는 왕위를 사양함으로써 이름을 얻었고, 공자는 육경을 논함으로써 박학하다는 명성을 얻어 스스로 그것을 위대하게 생각했거늘, 이런 것들은 당신이 조금 전까지 스스로 물 가운데에서는 뛰어나다고 생각했던 일과 같지 않은가?"

만물의 분량은
한정이 없다

황하의 신 하백은 다시 물었다.

"그러면 천지를 크다 하고 털끝을 작다고 생각하면 됩니까?"

북해의 신인 약이 대답했다.

"꼭 그렇지 않다. 무릇 만물의 분량은 한정이 없고, 시간도 멈추는 법이 없다. 또 만물에 부여된 운명은 때를 따라 늘 변화하고 시작과 끝도 항상 반복되어 늘 새롭다.

그러기에 아주 총명한 사람은 멀고 가까운 것을 차별하지 않는다. 그래서 아무리 작은 것이라도, 그것을 작게 보지 않으며, 아무리 큰 것이라도 그것을 크게 보지 않는다.

그것을 만물의 분량이란, 한정이 없는 것을 알기 때문이다.

또 시간이 고금을 통하여 그 흐름이 무한한 것을 명백히 알고 있다. 그래서 아무리 오래 살아도 삶에 싫증을 내지 않고, 아무리 단명해도 그것을 낙망하거나 발버둥치지 않는다.

그것은 시간의 흐름이란 영원히 멈추지 않는다는 것을 알기 때문이다. 또 만물에는 흥망성쇠가 있음을 잘 알고 있다. 그래서 무엇을 소유했다고 해서 기뻐하지도 않고, 무엇을 잃었다고 해서 걱정하지도 않는다.

그것은 부여된 운명이란 것이 늘 변하고 있음을 알기 때문이다. 또 도가 절대적인 평등을 이루어 무차별함을 알고 있다. 그래시 대어난다고 해서 기뻐하지도 않으며, 죽는다고 해서 불행으로 생각지 않는다. 그것은 사물의 처음과 끝이 늘 변하면서 새로워진다는 것을 알기 때문이다.

사람이 알고 있는 것을 헤아려보면, 결코 알지 못한 것만큼 많은 것은 아니다. 또 생존하는 시간이란 결코 태어나기 이전의 영원처럼 그렇게 유구한 것은 아니다.

이처럼 사람은 가장 유한한 지혜로 그 무궁한 경지를 추구하고 있기 때문에 결국은 미혹과 혼란에 빠져 아무것도 얻지 못하고 마는 것이다.

이렇게 본다면 한 오라기의 티끌이 어찌 가장 작은 한계라고 말할 수 있으며, 하늘과 땅의 커다란 분량이 어찌 가장 큰 영역이라고 말할 수 있겠는가?"

덕의 극치에
다다른 사람

황하의 신인 하백이 물었다.

"세상의 언변가들은 모두 가장 정묘한 것은 형체가 없고, 지극히 큰 것은 끌어안을 수가 없다고 하는데, 그것은 사실입니까?"

북해의 신인 약이 대답했다.

"무릇 미소한(작은) 곳에서 거대한 것을 보면 그 전체를 볼 수가 없으며, 아주 큰 지점에서 미소한 것을 보면 잘 보이지 않는다.

미소한 것은 작은 것 중에도 작은 것이요, 거대한 것은 큰 것 중에서도 큰 것이어서 그 대소가 본디 다르기 때문이다. 이는 자연적인 추세인 것이다.

무릇 정밀하거나 퉁퉁한 것은 형체가 있는 것에 국한되고 있지만, 형체가 없는 것이란 이론으로 분별할 수 없는 것이며, 형체가 너무 커서 그 범위를 측정할 수 없는 것은 수량으로 모두 헤아릴 수 없는 것이다.

말로 표현할 수 있는 것은 형체를 가진 거대한 것이며, 의사를 전달할 수 있는 것은 형체를 가진 정묘한 것일 뿐이다. 언어로 표현할 수 없는 것이나, 의사를 전달할 수 없는 것은 크고 작은 형체의 기준에 의하여 국한시킬 수 없는 것이다.

그러므로 큰 도를 지닌 사람의 행위는 절대 남을 해치지 않고, 자기의 사랑이나 은혜를 과시하지 않거니와, 또한 이익을 위해 마음을 쓰지 않으며, 문지기를 업신여기지도 않는다. 재물을 위해 남들과 다투지 않고, 남을 위해 사양하는 것을 미화하지도 않는다.

일을 하는데 남의 힘을 빌거나, 그렇다고 자기 힘으로 살아가는 것을 과시하지도 않으며, 더러운 욕심에 탐욕하는 사람을 천시하지도 않는다.

그 행동이 속세 사람과 아주 다르건만, 괴벽한 행위를 존중하는 것도 아니며, 오히려 범인과 더불어 혼합하면서 결코 아첨하는 무리라 해서 그들을 천시하지도 않는다. 세상의 고관중록(高官重綠, 높은 벼슬이나 봉록)을 부러워하거나 형벌이나 모욕을 부끄러워하지도 않는다.

그것은 시비란 분별할 수 있는 표준이 없고, 대소의 크기란 한계를 지을 수 있는 표준이 없다는 것을 알기 때문이다. 옛말에도 '도인은 성명(聲名, 명상)을 달래지 않고, 덕인은 소득함을 모르고, 대인은 자아를 망각한다.'고 했으니, 이런 사람이라야 자기의 본분에 의거하는 사람이니 곧 덕의 극치에 다다른 것이다.

서로
상대적이다

황하의 신인 하백이 다시 물었다.

"물질적 혹은 무형적인 사실에서 귀천과 대소의 구별은 어떻게 지어지는 것입니까?"

북해의 신인 약이 대답했다.

"도의 관점에서 본다면 만물은 귀천의 분별이 없고, 물질의 입장에서 본다면 모든 것은 자기를 높이고 상대방을 낮추는 차별이 생긴다. 또 세속적인 입장에서 본다면 귀천의 분별은 외래적인 것이지, 자기 고유의 것은 절대 아니다.

차별이 있는 입장에서 본다면 만물의 본성은 한결같아 그들의 본성을 만족시키기 위하여 그것이 크다고 하면 만물은 크지 않는 것이 없고, 그들은 본성을 남기지 않기 위하여 그것이 작다고 하면 만물은 작지 않은 것이 없다. 그리고 이렇게 넓은 천지는 피안이나 다를 바 없고 이렇게 작은 티끌이 산덩이나 다를 바 없을 것이다. 여기서 귀천과 대소의 차별이 없음을 볼 수 있는 것이다.

공용(功用)성 여부의 입장에서 본다면, 만물의 공용성은 모두 상대적으로 발생되기 때문에 가령 어떤 물건에 공용이 없다면, 그 물건과 상대적인 물건에도 공용이 없는 것이니, 곧 유용하다고 해서 유용하게 본다면 유용하지 않은 것이 없다. 그리고 동과 서는 서로 상반되는 것이라면서도 서로 상대가 없으면 성립될 수 없으니, 공용성이란 이렇게 상대적이지 절대적인 것은 아니다.

모든 사람의 취향의 입장에서 본다면, 만물에는 옳지 않은 것이 없이 모두를 긍정할 수 있고, 또 남들이 그르다고 하는 것을 그르게 본다면, 만물에는 그르지 않은 것이 없이 모두를 부정할 수 있다. 요임금과 걸왕이 각각 자기를 옳다 하고 상대를 잘못으로 간주하는 것을 보면, 천하 만물의 정취나 지조는 일정한 근거가 없이 서로 상대적임을 알 수 있을 것이다."

귀천과
대소의 구별

북해의 신인 약이 말을 계속했다.

"옛날 요임금과 순임금은 천하를 선양하여 훌륭한 제왕이 되었으나, 선양의 결과는 꼭 그렇지만은 않다. 연나라 임금 쾌는 선양을 하다가 나라를 망쳤고, 은의 탕왕과 주의 무왕은 각각 싸움으로 왕위를 쟁취했고, 초나라 백공은 왕위를 다투다가 죽고 말았다.

이렇게 본다면 왕위를 선양하든가 쟁탈한다든가의 예법이나, 요·걸의 행위 등에 대한 가치 평가는 시대에 따라 변하거늘, 결코 불변의 것은 아니다.

대들보나 기둥은 커다란 성벽을 무너뜨리는 데 쓰이지만 작은 쥐구멍을 막는 데에 소용없다. 이는 물건에 따라 용도가 다름을 말함이요, 옛날의 훌륭한 말은 하루에 천리를 달릴 만큼 빠르지만 쥐를 잡는 데에는 들고양이를 따를 수 없으니, 이는 사물에 따라 재주가 다름을 말함이요, 올빼미는 밤에 벼룩을 잡고 티끌을 볼 만큼 눈이 밝지만, 낮이면 눈을 뜨고 커다란 산도 볼 수 없나니, 이는 사물에 따라 본성이 다름을 말함이다.

그러기에 속담에도 '옳은 것만을 따르고 그른 것은 따르지 말라.'고 했지만, 이는 천지의 이치와 만물의 진상을 모르는 말이다. 이런 논법은 바로 다만 하늘을 따를 뿐이요, 땅을 따르지 말라! 다만 음을 존중할 뿐이요, 양을 보지 말라와 같을지니, 그것이 실행될 수 없음은 뻔한 일이다. 그런데도 이런 것을 주장하면서 고집한다는 것은 그가 바보가 아니면, 억지의 수작이라 말할 수밖에 없다.

옛날의 제왕도 그 선양이나 왕위의 계승에 있어서 모두 방법을 달리했다. 시대에 어긋나고 세속에 역행하는 사람을 찬탈자라 하거늘, 시대에 적응하고 세속에 순응하는 사람은 이로운 사람이라 불리었던 것이다. 가만히 있게! 하백이여! 그대가 어찌 귀천과 대소의 구별을 알 수 있겠는가?"

자연 순환의
이치

황하의 신인 하백이 다시 물었다.

"그렇다면 저는 무엇을 해야 하며, 무엇을 하지 말아야 합니까? 제 행동에 있어서, 사절함이나 받는 것, 진행함이나 정지하는 것을 어떻게 해야 합니까?"

북해의 신인 약이 대답했다.

"도의 입장에서 볼 때 무엇을 귀하게 여기고, 무엇을 천하게 여길 아무런 차별이 없는 혼돈의 상태를 반연(反衍, 반복. 귀한 것이 천하게 되고 천한 것이 귀하게 됨. 일체의 차별을 초월함)이라 하는데, 그대의 고집에 구애되지 말게! 그렇게 되면 커다란 도를 행하기가 어려워질 것이다.

또 도의 입장에서 볼 때, 무엇을 적다 여기고 무엇을 많다고 하겠는가? 이런 경지를 구별 없이 연결되는 상태라고 말하는 것이다. 그대는 행동을 한 가지로만 한정하지 말게. 그렇게 되면 커다란 도에 어긋나게 될 것이다.

　도를 체득한 사람은 장엄 정직하여 군왕이 백성에게 편애를 쓰지 않음과 같다. 또 유유자득(悠悠自得)하여 제단의 신이 제군들에게 특정한 복음을 주지 않음과 같고, 또 관관대대(寬寬大大, 넓게 보편된 모양)하여 넓은 공간에 한계를 그을 수 없음과 같은 것이다.

　이렇게 만물을 한가슴에 포용하여 피차를 가리지 않거늘, 누가 받아들인다거나 돕는다고 할 수 있겠는가? 이를 아무린 편향(偏向) 없는 무방(無方, 한정된 방향이 없는 것)이라 한다. 만물은 본래 평등하여 어느 것이 짧고, 어느 것이 길다는 분별이 없다.

　그리고 도는 처음과 끝이란 시간의 한계가 없지만, 사물에는 삶과 죽음의 변화가 있다. 그러기에 하나의 생명이 성숙되었다고 했을 때 그것을 믿을 수 없고, 그 현상은 어떤 때는 비어 있고, 어떤 때는 가득하여 무어라고 한정지을 수 없는 것이다. 그뿐이랴! 나이는 거절할 수 없고, 세월은 정지시킬 수 없다. 천지 음양의 소멸과 성장, 그리고 충실함과 공허를 반복하여 하나가 끝나면 마침내 또 하나가 시작되는 것이다. 이런 자연 순환의 이치가 바로 대의의 내용이며, 만물의 원리인 것이다.

　만물의 생존은 마치 말을 달리는 것과 같으니, 모든 동작은 때 없이 변화 과정에 있고, 모든 동작은 부단히 옮겨지고 있다. 그런데 어쩌자고 무엇을 하는 것은 정당하고, 무엇을 하는 것은 부당하다고 하는가?

　오직 자연의 변화를 따를 뿐이다."

천진한 본성으로
되돌아가는 길

황하의 신인 하백이 다시 물었다.

"자연의 도를 따르면 될 것을 왜 도를 존중하는 것입니까?"

북해의 신인 약이 대답했다.

"도를 아는 사람은 반드시 만물의 이치를 통달하며, 만물의 이치에 통달한 사람은 반드시 만물에 적응하는 임기응변에 밝다. 임기응변에 밝은 사람은 외부의 사물에 의하여 자신이 해를 받는 일이 없다.

이렇게 극치의 덕을 지닌 사람은 불길도 그를 태울 수 없고, 물살도 그를 휩쓸어 죽일 수 없고, 추위나 더위도 그를 해칠 수 없고, 새나 짐 승도 그를 상하게 할 수 없다.

그것은 결코 그 위험을 가볍게 본 것이 아니라, 안녕과 위험을 차근 히 분별하고, 불행과 행복 어느 것에도 안주하여 진퇴를 조심한 까닭 에 해를 받지 않은 것이다.

그러기에 옛말에도 '하늘의 덕은 내심에 감추어 있고, 사람의 작위는 표면을 장식할 뿐, 진정한 덕은 자연과 결합되어 있다.'라고 했다.

이렇게 자연과 인위의 차이를 알아야만 비로소 하늘을 근본으로 삼고, 거기서 자기의 본분을 지켜, 자유자재로 나아가고 물러서면서 고집하지 않으면, 도의 원점에 돌아가 궁극적인 도를 말할 수 있을 것이다."

"그러면 무엇을 자연이라 하고, 무엇을 인위라고 합니까?"

"소나 말이 발 네 개를 가지고 있는 것을 자연이라 하고, 말의 머리에 고삐를 매고, 소의 코에 고리를 다는 것을 인위라고 한다.

옛말에 '인위로써 자연을 손상시키면 안 되고, 지혜로써 천부의 성명을 손상시키면 안 되고, 자기의 덕을 명성을 위하여 희생시키면 안 된다!'고 했다.

이처럼 천부된 성명을 삼가 지키면서, 물질에 쫓겨 그것을 잃지 않는 것이 곧 천진한 본성으로 되돌아가는 길인 것이다."

작은 것에 지고
큰 것에 이긴다

외발 짐승은 발이 많은 지네를 부러워하고, 지네는 발 없이 기어 다니는 뱀을 부러워하고, 뱀은 자유롭게 움직이는 바람을 부러워하고, 바람은 멀리 볼 수 있는 눈을 부러워하고, 눈은 모든 것을 아는 마음을 부러워한다.

외발 짐승이 지네에게 말했다.

"나는 발 하나를 가지고도 껑충껑충 뛰면서 즐겁게 거닐기에, 천하에 나처럼 편리한 것이 없는 줄 아는데, 그대는 만 개나 되는 발을 피곤하게 움직이고 있거늘, 왜 그대 혼자만 그러는 거요?"

지네가 대답했다.

"그런 것은 아닐세. 자네가 모르는 소리. 자네는 침을 뱉는 사람을 못 보았겠지? 침을 뱉을 때, 큰 놈은 구슬처럼 몽땅하지만, 작은 것은 안개처럼 흩어져서 그것이 함께 섞이어 떨어지면, 그 방울을 헤아릴 수 없게 많지 않던가?

이것은 모두 자연이야. 지금 나는 자연의 기능대로 움직이고 있을 뿐, 나는 그 까닭을 모르고 있어."

이번에는 지네가 뱀에게 물었다.

"나는 이렇게 많은 다리로 길을 다니건만, 발 하나도 없는 당신을 따라갈 수 없는 것은 무슨 까닭이오?"

뱀이 대답했다.

"나는 하늘의 기능을 따라 움직이거늘, 그것을 어떻게 고칠 수 있단 말이오? 나에게 발 같은 것은 쓸모없습니다."

이번에는 뱀이 바람에게 물었다.

"나는 척추나 늑골을 부비면서 길을 걷는데 이것은 다리가 있는 거나 비슷합니다. 당신은 윙윙거리면서 북극 바다에서 일어나더니, 곧장 남극 바다로 옮기면서 아무런 형태를 갖추지 않은 듯하니 그 까닭은 무엇이오?"

바람이 대답했다.

"그렇소. 나는 당신 말대로 윙윙거리면서 북극 바다에서 일어나 남극 바다로 옮길 수 있소. 그러나 사람이 손가락 하나로 나를 막는다 해도 나는 그 손가락을 꺾지 못하며, 또 나를 발길로 차도 나는 그 발길을 꺾을 수 없습니다. 그러나 커다란 나무를 넘어뜨리고, 커다란 집을 날리는 것은, 나만이 할 수 있는 일입니다. 그래서 나는 작은 것에 지고, 큰 것에 이기고 있는 것입니다. 이렇게 큰 승리를 거두는 것은 성인만이 할 수 있습니다."

두려워하지 않는
성인의 용기

공자가 송나라의 광 땅에 유람했을 때, 송나라 사람들이 광 땅을 침략한 양호인 줄 잘못 알고, 공자를 몇 겹 둘러쌌지만 공자는 태연하게 거문고를 뜯으며 노래를 그치지 않았다.

자로가 달려와서 말했다.

"선생님께서는 왜 이렇게 흥겨워하십니까?"

공자가 대답했다.

"이리 오너라! 네게 그 까닭을 말해 주마!

내가 불우한 것을 싫어한 지 오래되었지만, 그렇다고 그것을 회피할 수 없는 것은 운명임을 알았고, 또 내가 태평 통달을 기원한 지도 오래되었건만, 그렇다고 그것이 이루어지지 않은 것은 기회가 미치지 못한 탓임을 알게 되었다.

요·순의 태평성대에 하나의 곤궁한 사람이 없었던 것은 그들이 모두 총명했던 까닭은 아니고, 또 걸·주와 같이 폭군 시대에 하나의 태평통달한 사람이 없었던 것은, 그들이 모두 우둔했던 까닭은 아니었다. 다만 그들이 당면했던 시대의 형세가 우연히 달랐던 것뿐이다.

무릇 물에서 노닐며, 도롱뇽이나 용을 피하지 않은 것은 어부의 용기이며, 육지에서 뛰면서 들소나 호랑이를 피하지 않은 것은 사냥꾼의 용기이며, 세상을 헤치며, 새파란 칼날이 앞에서 번득여도 죽음을 삶과 같이 초월하는 것은 열사의 용기이며, 인생을 건닐 때 불우한 것은 운명인 줄 알고, 통달됨은 시세의 탓임을 알아서 무서운 재난에 부딪혀도 두려워하지 않는 것은 성인의 용기이다.

자로야! 조용히 들어라! 네 운명은 하늘이 정해진바 그대로다."

얼마 되지 않아, 무장한 군사를 이끄는 대장이 들어와 사죄했다.

"선생님을 양호인 줄 알고 포위했었습니다. 이것이 잘못인 줄 알았으니, 사죄를 드리고 물러가겠습니다."

두꺼비가
넋을 잃은 까닭

공손룡(公孫龍, 논리학파)이 위모(魏牟, 도덕이 높은 선비)에게 물었다.

"내가 어릴 적에는 옛 훌륭한 임금의 도를 익혔고, 자라서는 인의의 행실을 밝혔습니다. 이에 나는 같고 다른 것이 사실은 한 가지 이치이며, 단단한 돌의 성질과 하얀 빛깔은 별개의 것이란 궤변을 들추었습니다.

그리고 남들이 부정하는 것을 긍정했고, 남들이 불가(不可)라고 여기는 것을 가(可)다 하고 증언하여, 세상에 득실거리는 제자백가의 지혜를 궁색하게 몰아버렸고, 많은 사람들의 변론을 굴복시켜, 내 딴에는 내가 최고의 이론에 밝은 줄로 알았습니다.

이제 장자의 말을 듣고, 망연자실하여 도대체 내 언변이 그를 당하지 못하는지, 아니면 내 지혜가 그만 못한지 갑갑할 따름입니다. 이제 잠자코 내 입을 다물 뿐입니다. 무슨 까닭일까요?"

위모는 책상에 기대어 길게 한숨을 쉬더니, 하늘을 향해 너털웃음을 웃었다.

"자네는 얕은 우물에 사는 두꺼비 이야기를 들어 본 일이 있나? 그 두꺼비가 동해에서 온 자라를 보고 이렇게 말했다네.

'나는 즐겁다. 나는 우물 난간에서 이리저리 뛰놀다가 지치면 깨진 벽돌 벽에 기대어 쉬기도 한다. 때로는 물속에 들어가 헤엄치면 물이 두 겨드랑이와 턱을 받쳐 주고, 진흙구덩이에서 뛰놀면, 진흙이 다리와 발등을 덮어 아무 흔적을 드러내지 않는다. 그리고 우물 안에 우글거리는 장구벌레나 올챙이를 둘러보면, 누구나 나만큼 즐거워하는 것도 없는 모양이다.

또한 한 우물의 물을 독차지하고, 우물 속의 낙(樂)을 혼자 편안히 누리는 것은 최상의 즐거움이 아닐 수 없다. 자네도 한 번쯤 우물에 들어와 구경 좀 해 보게!'

그러자 동해의 자라는 왼쪽 발을 우물에 담그고 들어가려 했으나, 오른쪽 무릎이 걸리어 더 들어가지 못하고 그 좁은 우물에서 어정어정 물러섰다. 그리고 바다의 얘기를 들려주었다.

'바다는 비록 천 리라는 먼 단위를 써도, 그 크기를 형용할 수 없고, 천 길이라는 높은 단위를 써도, 그 깊이를 재기에 부족하다.

옛날 우임금 때에는 10년에 아홉 번이나 장마가 졌지만, 바닷물은 그 때문에 불어난 일이 없었고, 탕임금 때에는 8년에 일곱 번이나 가뭄이 들었지만, 바닷물은 그 때문에 줄어들지 않았었다.

시간의 흐름에 따라 변화되거나, 물을 더 보태고 덜어내고 하는데 따라 늘고 줄지 않는 것이, 내가 동해에 사는 즐거움이다.'

두꺼비가 이 소리를 듣자 깜짝 놀라 넋을 잃었다고 한다."

육체를
위한 일

세상에는 정말 지극한 즐거움이 있는 것일까, 없는 것일까? 또 자기 생명을 보존하는 방법이 있는 것일까? 있다. 그러나 그들은 무엇을 하고, 무엇에 근거하고, 무엇을 피하고, 무엇에 몸을 맡기고, 무엇을 따르고, 무엇을 버리고, 무엇을 즐기고, 무엇을 싫어할까를 모르고 있다.

무릇 세상 사람이 숭배하는 것을 부(富)·귀(貴)·수(壽)·명예(名譽), 네 가지다. 그리고 즐기는 것은 몸의 편안함과, 입에 맞는 음식, 아름다운 의복, 만족한 색욕, 아름다운 음악 등이다.

그리고 세상에서 싫어하는 것은 가난과, 신분이 낮고 천함, 일찍 죽는 것·비난받는 것 따위이다. 그리고 괴롭게 여기는 것은 몸이 편하지 못한 것, 맛있는 음식을 먹지 못하는 것, 아름다운 옷을 못 입는 것, 좋은 음악을 듣지 못하는 것 따위다.

만약에 이런 육체적인 만족을 얻지 못한다면, 걱정하고 두려워한다.

그렇게 육체를 위한 일이란 것이 얼마나 어리석은가?

무릇 부자가 몸을 괴롭히면서 열심히 일하여 많은 재물을 모았지만, 그것들은 다 쓰지 못하거늘, 이렇게 육체를 위한 일이란 외부의 물질에 만족할 따름이다. 또 지위가 높은 사람은 밤낮 없이 자기 지위의 안위를 걱정하고 있거늘, 그것은 자기 육체에 대하여 너무 소홀한 것이다.

사람이 태어나 산다는 것은 근심과 함께 산다는 뜻이며, 오래 산다한들 역시 근심에 매여, 차라리 죽고 싶어도 죽어지지 않으니, 얼마나 괴로운 일인가? 이렇게 육체를 위한다는 일은 결국 참된 즐거움에서 멀고 먼 것이다.

열사들은 세상 사람들에게 칭송은 받지만, 자기 생명을 보존하지는 못한다. 만약 그것을 좋게 생각하면서 자기 생명조차 보전 못 하는 것은 어찌 된 일이며, 그것을 좋지 않게 생각하면서, 남의 생명까지 보전한다는 것은 어찌 된 일인가?

옛말에도 '진심으로 임금께 간하라! 간해도 듣지 않을 때에는 다만 순종할 뿐, 결코 다투지 말라!'고 했다.

때문에 오자서는 임금과 다투다가 결국 자기 몸을 망치고 말았다. 그러나 임금과 다투지 않으면, 어떤 명성도 얻을 수 없으니, 정말로 남에게 칭송받는 명성이란 좋은 것인가, 나쁜 것인가?

존재할지 모르는
즐거움

지금 세상 사람들이 하는 일이나, 그들이 즐기고 있는 일은, 과연 즐거운 것인지, 즐겁지 않은 일인지 알 수 없다.

내가 본 세상 사람들의 즐거움이란 여러 사람들과 떼를 지어 마치 사지로 달려가는 듯하지만, 그것은 어쩔 수 없는 것들이다. 비록 모두들 즐겁다고는 하지만 내가 보기에는 그것을 즐거움으로, 혹은 즐겁지 않은 것으로도 보지 않는다. 왜냐하면 즐거움이란 과연 존재하고 있는지를 모르기 때문이다.

나는 무위를 참된 즐거움이라 여긴다. 그러나 그것이 속인들에게는 커다란 고통으로 여기고 있다. 그러기에 옛말에 '극치의 즐거움이란, 육체적인 즐거움이 아닌 것을 즐거움으로 삼고, 극치의 영예란 명예가 없는 것을 영예로 여긴다.'라고 했다.

천하의 시비란 일정한 표준이 없다. 그러나 무위의 입장에서는 시비를 망각했기에 그 시비를 내릴 수 있다. 최고의 즐거움으로 생명을 보전하는 방법으로는 오직 무위만으로 얻어질 수 있다.

내가 몇 마디 덧붙인다면, 하늘은 무위한 채 존재하기에 저토록 맑고, 땅은 무위한 채 존재하기에 저토록 편안하거늘, 그 하늘과 땅은 무위가 서로 조화를 이룰 때 만물은 변화생성하고 있는 것이다. 천지의 작용은 망망하고 황홀하여, 어디서 나오는지 알 수 없고, 또 그토록 망망하여 어떤 형상을 포착할 수 없다. 그러나 만물은 삼라만상으로 번성한다. 그것들은 모두 무위에서 번식하고 있다.

그래서 옛말에 '천지는 무위인 채 가만히 있건만 못 하는 일이 없다.'라고 했다. 인간 세상에서는 누가 과연 무위의 덕을 얻을 수 있겠는가?

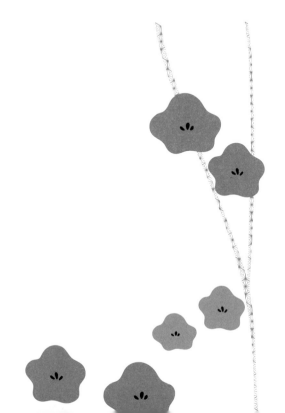

이마를
찌푸린 해골

장자가 초나라에 갔을 때, 뼈만 남은 해골을 보았다. 그것은 윤기 하나 없이 말라, 다만 형체만을 남기고 있거늘, 장자는 그것을 말채찍으로 때리면서 물었다.

"그대는 생전에 생명을 탐욕하고 행동이 실절(失節, 이치를 잃다)하다가 생명을 요절당하고 이 꼴이 되었나이까? 아니면 나라를 망치는 일을 하다가 벌을 받아 이 꼴이 되었나이까? 아니면 생전의 품행이 나빠, 그대의 부모처자의 명예를 더럽힐까 봐 이 꼴이 되었나이까? 아니면 추위와 주림에 떨다가 타향에서 이 꼴이 되었나이까? 그도 아니면 그대의 수명이 결국 살 때까지 산 것입니까?"

이 말을 끝낸 장자는 해골을 끌어당겨서 베고 잠이 들었다. 밤중에 해골이 꿈에 나타나 장자에게 말했다.

"그대가 하는 이야기는 마치 변론가의 말과 같군. 그대가 하는 말은 모두 살아생전의 고통뿐이지만, 죽으면 고통도 없어지고 마는 것일세. 그대는 사후의 형편을 알고 싶은가?"

"그렇소."

"죽음의 세계에는 위로 군왕이 있거나, 아래로 신하가 있거나, 또 사시(四時)의 변화가 있는 것은 아닐세. 다만 유유한 천지의 영원함을 자기의 수명으로 삼고, 아무런 구속 없이 사는 것일세. 비록 군왕의 즐거움이라 할지라도 이보다 더할 수 없는 것일세."

장자는 그것이 믿기지 않아, 다시 물었다.

"내가 목숨을 관장하는 신에게 부탁하여 그대를 부활케 하고, 그대의 골육과 살결을 재생케 하여 그대가 그리워하는 부모처자와 고향 친구를 만나게 할 터니 그대는 원하겠소?"

그러자 해골은 몹시 안타깝다는 듯 말했다.

"내가 어찌 군왕 같은 즐거움을 버리고, 다시 인간세계의 고통으로 돌아가겠는가?"

의리는 성정에 맞게
베풀어야

안회가 동쪽 제나라에 사신으로 떠나게 되자 공자는 근심스런 표정이었다. 자공이 내려가 그 까닭을 물었다.

"삼가 여쭙노니, 안회가 제나라에 가거늘, 선생님께서는 왜 걱정하십니까?"

공자가 대답했다.

"잘 물어 주었군! 옛날 관자가 한 말인데 내가 감복했었지. 그 말은 '주머니가 작으면 큰 물건을 담지 못하고 두레박줄이 짧으면 깊은 물을 긷지 못한다.'라고 했다.

관자의 말은 곧 사람의 천명은 하늘이 부여한 것이요, 그 형체는 특성에 따라 쓰이는 곳이 있음을 뜻하니, 생명과 형체는 사람의 힘으로 늘이거나 줄이지 못하는 것이다.

나는 안회가 제나라 군주에게 삼황오제의 도를 늘어놓았을까 걱정하는 것이다. 제나라 군주들이 그것을 듣고, 내심으로 이해하지 못했을 때에는 그 말에 의혹을 품을 것이며, 의혹을 품었을 때에는, 안회를 죽일지도 모르기 때문이다.

너는 예전에 이런 말을 듣지 못했는가? 옛날에 어느 커다란 새 한 마리가 노나라 교외에 날아와 앉았는데, 노나라 군주가 그 새를 맞이하여 종묘에 잔치를 베풀고 구소(九韶, 순임금의 노래명)의 음악을 연주하며, 거기다가 소·염소·돼지를 잡아 대접하여 그 새를 즐겁게 했다.

그러나 해조는 눈빛을 질정 못 하면서 내심 슬피 여기고 한 조각의 고기나 한 잔의 술을 먹지도 마시지도 않더니만, 결국 사흘이 못 가 죽어 버렸다.

이는 사람을 기르는 방식으로 새를 기른 것이지, 새를 기르는 방식으로 새를 기른 것은 아니기 때문이다.

무릇 새를 기르는 방식으로 새를 기르려면, 마땅히 깊은 숲에서 살게 하고, 호숫가에서 놀게 하고, 넓은 호수나 강에서 헤엄치게 하고, 미꾸라지나 송사리를 먹게 하고, 자기들끼리 떼를 지어 날다가 쉬게 하며, 한가히 살게 해야 한다. 거기다가 그 새는 사람의 말소리를 듣기 싫어하는데, 더구나 시끄러운 음악을 들려주어 무슨 쓸모가 있었겠는가?

함지나 구소의 음악을 새들에게 들려 줄 때 새들은 놀라 날아갈 것이며, 짐승도 놀라 도망칠 것이며, 물고기는 물속 깊이 숨어 버릴 것이다. 다만 사람이 들을 때라야, 흥이 나서 삥 둘러서서 구경할 것이다.

물고기는 물에서 살지만, 사람이 물에 살면 죽고 만다. 그렇게 사는 조건과 기호는 서로 다른 것이다.

그래서 옛 성인은 사람에 따라서 그 재능을 다르게 보았으며, 그 일에 따라서 실정도 달리 했다. 마찬가지로 명분은 실제에 상부(相符)하게 정해야 했고, 의리는 성정에 알맞게 베풀어야 한다. 이런 사람을 조리에 통달하고, 행복을 지속시키는 사람이라 일컫는다.

마음이
새로워지면

삶의 진실에 통달한 사람은 살아가는 데 있어 분수 밖의 일을 억지로 힘쓰지 않으며, 천명의 진실을 통달한 사람은, 어쩔 수 없는 일을 알려고 힘쓰지 아니한다.

육체를 기르기에는 물질이 우선적으로 필요하지만, 남을 정도로 물질을 쌓아 놓고도 육체를 끝내 기르지 못하는 사람이 있다. 기왕 생명을 지니게 되었다면, 육체를 버리지 말아야 하되, 육체를 너무 사랑한 나머지 진정한 삶의 도를 잃은 사람도 있다.

생명의 탄생은 누구도 물리치지 못하며, 생명의 훼멸 또한 누구도 만류하지 못한다.

그러나 슬픈 것은 세상 사람들이 육체를 기르는 것으로 삶을 영위한다고 오해하고 있는 것이다. 그러나 육체만을 기르는 것으로는 삶을 영위하기에 부족하거늘, 세상 사람들은 왜 그것에 만족하고 있는지 모를 일이다. 그것들이 비록 부족한 것임을 알면서도 하지 않을 수 없는 것은, 사람이 타고난 본능을 벗어날 수 없기 때문이다.

무릇 육체에 관한 사욕을 해탈하려면, 세상의 분수 밖의 일들을 포기하는 것이 가장 중요하다. 세상의 번욕을 버리면 근심이 없어지고, 근심이 없으면 마음이 편해지니, 마음이 편해지면 만물의 변화를 따라 마음이 늘 새로워지며, 마음이 새로워지면 생명의 진실을 다할 수 있는 것이다.

세상사는 모두 허무하거늘, 무엇을 버리지 못하며, 인생이 공환(空幻)한데 무엇을 잊지 못하겠는가? 세속을 버리면 육체는 수고롭지 않고, 생명을 망각하면, 정신이 온전하다.

천지는 만물의 부모다. 음양이 혼합되면 하나의 형체를 이루고, 음양이 흩어지면 아무 생명이 없던 원점으로 돌아간다. 그러기에 육체와 정신이 아무 손상을 받지 않는 상태를 이(移, 자연의 변화를 따라 만물과 함께 옮긴다)라고 하여, 자연의 변화를 따라 변천함을 뜻하니, 다시 정신을 정화하고 정신의 순수함이 극점에 이르면 본원으로 되돌아가서 자연의 도를 돕게 되는 것이다.

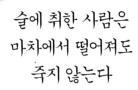

술에 취한 사람은
마차에서 떨어져도
죽지 않는다

열자가 관윤(關尹, 노자의 제자)에게 물었다.

"지극한 성인은 물속을 다녀도 질식하지 않고, 불을 밟아도 데지 않고, 가장 높은 곳에 올라도 떨지 않는다고 하는데 어떻게 하면 그런 경지에 이를 수 있습니까?"

관윤이 대답했다.

"그것은 순수한 기운을 잘 지킨 탓이니, 결코 지혜나 판단·용기 따위로 얻어진 것은 아닐세. 거기 앉게나! 그 까닭을 말할 테니!

무릇 용모나 음성, 색채를 지닌 것은 물건이라 한다. 물건과 물건 사이에는 어떤 원근의 차이나 시간의 선후는 있을 수 없고, 다만 형태나 색체를 갖추고 있을 따름이다.

물질에는 그 형태가 있기 이전의 상태, 그 변화가 있기 이전의 정지된 상태가 있을 테니, 그 조화의 심근(深根)을 터득한 사람이라면, 물질이 어떻게 그를 억제하겠는가? 마땅히 마음대로 다니면서 자유자재로 출몰할 수 있을 것이다. 그리고 마음을 허담(虛談)한 데 두어 그 도량도 넓을 것이다. 뿐만 아니라 성인은 끊임없는 순환에 몸을 맡기고 만물의 조화 속에 노닐면서, 자기의 본성을 순화하고, 정기를 길러 자연의 덕과 합치되고 자연의 근본을 통달하게 된다.

술에 취한 사람이 마차에서 굴러 떨어지면, 부상을 당할지언정 죽는 일은 없다. 그 골절이 남들과 같은데도 그 상처가 남들과 다른 것은 그 정신이 흔들리지 않았기 때문이니, 그는 마차를 탈 때나, 굴러 떨어질 때의 의식이 없었음을 말하고, 더구나 생사의 공포조차 그 가슴에 파고들지 않았다는 말이다. 이는 바로 외물에 부딪혀도 놀라지 않음을 말한다.

이처럼 술에 완전히 취해 있으면서도 생명을 보전할 수 있거늘 하물며 자연의 도를 터득한 사람이랴!

성인은 자연에 몸을 담고 있으므로 아무것도 그를 손상시킬 수 없다. 비록 복수를 위해 싸우는 사람도, 그 상대는 미워할지언정, 원수의 명검까지 부러뜨리는 일은 없고, 비록 사나운 사람이 바람에 날린 기왓장에 얻어맞는다 할지라도, 그 기왓장을 탓하지 않는다. 그것은 칼이나 기왓장이 의식 없이 무심했기 때문이다.

그러므로 천하가 전쟁도 사형도 없는 태평을 찾으려면 이 자연의 도를 따라야 한다.

자연의 도를 넓히면 무위의 덕이 생기지만, 인위적 지혜를 넓히면 도적이 득실거린다. 자연을 싫어하지 않음은 사람을 경홀하지 않음과 같으니, 이렇게 자연과 자연을 분별하지 않을 때, 백성은 비로소 타고난 진실에 가까이할 수 있는 것이다."

정신을
집중한다는 말은

공자가 초나라를 가는 도중 어느 숲을 지나갈 때 한 꼽추가 매미를 잡는 것을 보았는데, 그 꼽추는 매미를 줍기라도 하듯이 아주 쉽게 잡고 있었다. 그것을 본 공자가 물었다.

"참 묘하군! 무슨 비법이라도 있는가?"

꼽추가 대답했다.

"있지요. 매미가 나오는 오뉴월에 장대 끝에 동그란 흙덩이 두 개를 놓고 그것을 떨어뜨리지 않으면 매미를 놓치는 수효가 적게 됩니다. 다시 세 개를 놓고 떨어뜨리지 않으면, 매미 열 마리 가운데 한 마리쯤 놓치게 되고 더 나아가서 다섯 개를 장대 끝에 놓고 떨어뜨리지 않으면, 매미를 줍기라도 하듯이 잡을 수 있습니다. 이는 바로 매미로 하여금 사람이 오는 것을 의식하지 못하게 하는 것이다.

매미를 잡는 내 몸짓은 나뭇등걸을 꺾듯이 무감각하고 내 팔뚝을 놀

276

리는 것도 마른 나무의 가지처럼 부동의 자세입니다.

비록 천지가 크고, 만물이 많다 할지라도 내 마음속에는 오직 매미의 날개만을 알 따름입니다. 나는 내 몸을 부동한 채로 지니면서, 다만 매미의 날갯죽지만으로 온통 채우고 있을 뿐, 그 어느 것으로도 대치하지 않습니다. 이렇게 하면 무엇인들 잡지 못하겠습니까?"

공자는 제자를 돌아보며 이렇게 말했다.

"뜻을 분산시키지 않고, 정신을 집중한다는 말은 바로 이 매미 잡는 꼽추 노인을 두고 한 말이군!"

물질에 대한
아까운 생각

안연이 공자에게 물었다.

"제가 일찍이 송나라에 있는 상심이란 연못을 건넌 적이 있었는데, 뱃사공이 귀신처럼 배를 잘 젓기에 제가 '그것을 배울 수 있느냐?'고 물었더니, '좋습니다. 헤엄을 잘 치는 사람은 조금만 익히면 배를 저을 수 있습니다. 더구나 잠수를 할 수 있는 사람은 배를 본 적이 없다 해도 저을 수 있습니다.'라고 대답하더군요. 제가 그 까닭을 물었으나, 사공은 대답이 없더군요. 선생님께서는 그 까닭을 아십니까?"

공자가 대답했다.

"헤엄을 잘 치는 사람이 조금만 익히면 배를 저을 수 있다 함은 그가 수영을 습성화했기 때문에 물을 의식하지 않는 것이요, 잠수질을 하는 사람이 배를 본 적이 없다 해도 저을 수 있다 함은 그가 연못물 보기를 언덕처럼 여겨서, 설혹 배가 뒤집힌다 해도 수레가 언덕길에서 뒷걸음

치듯이 느껴지기 때문이다.

뒤집히거나 뒷걸음질 치는 여러 가지 어려움이 목전에 벌어진다 할지라도 그의 마음을 흔들어 놓지는 못하거늘 어디를 가나 그의 마음은 여유 만만할 것이다.

기왓장 던지기로 내기를 한다면, 기왓장이란 물건이 흔하기 때문에 잘 맞히지만 구대(鉤帶, 띠를 매는 쇠) 던지기로 내기를 한다면, 그것이 희귀하기 때문에 맞히지 못할까 겁을 먹고, 더구나 황금으로 내기를 한다면, 그것이 값이 비싼지라 행여 없어질까 하여 결국은 눈이 침침해지는 법이다.

그 던지는 기술에 있어서는 같지만, 내심으로 그 던져진 물질에 대한 아까운 생각이 있어 결국 그 물질에 마음이 끌리고 만 것이다. 다시 말하면, 물질에 마음을 기울이면, 내심의 세계는 어둡고 졸렬해지기 마련이다."

앞뒤를 절충하여
채찍질하라

전개지가 주의 위공을 만났다. 위공이 물었다.

"내가 듣기에는 축신이란 사람이 양생법을 배웠다는데 그대가 그 사람을 모셨다 하니 무엇을 배웠는가?"

전개지가 대답했다.

"빗자루나 들고 선생님 댁 뜰이나 청소해 준 주제에 제가 배웠으면 무얼 배웠겠습니까?"

"사양 말게. 내가 알고 싶어 묻는 것일세."

"제 선생님께선 '양생을 잘하는 것은 양을 치는 것과 같다. 뒤에 처진 것을 주시하여 절충하도록 채찍질하라.'고 하셨습니다."

"왜 그런가?"

"노나라에 선표라는 은사가 있었는데, 바위 속에 숨어 물이나 마시며 살면서도 남들과 한데 어울려 명리를 다투지 않았답니다. 나이 70

에도 오히려 동안을 가졌다 했지만, 불행히도 굶주린 호랑이에 잡혀 먹히고 말았답니다.

또 하나 장의란 사람이 있었는데, 그는 부귀한 집 앞을 지날 때에는 잰걸음으로 지날 정도의 예의를 갖추었건만, 나이 겨우 40에 열병으로 죽고 말았습니다.

선표는 그 속마음을 잘 길렀으나, 호랑이가 그 육체를 먹어 삼켰고, 장의는 그 외형을 잘 다스렸으나 병이 그 속마음을 침노했던 것입니다. 이 두 사람은 모두 한쪽으로 치우쳐 그 뒤떨어진 곳을 채찍질하지 못했기에 죽음을 당한 것입니다."

일찍이 공자도 이렇게 말했다.

'너무 안으로 숨기지 말라……. 그리고 너무 밖으로 노출하지 말라! 고목처럼 무심히 중앙에 서라…….'

이 세 가지를 갖추면 크게 빛날 것이다.

무릇 낯선 길을 두려워하는 사람은 비록 열에 한 사람이 죽을 정도의 위험이 있다 할지라도 부자형제가 모두 나서 경계하는가 하면, 반드시 군졸을 많이 동원한 뒤라야 감히 그 길을 나설 줄 아니, 이는 얼마나 현명한 일인가?

그런데 사람이 진실로 두려워할 것은 잠자리 위에서의 색욕, 밥상 위에서의 식욕이거늘, 사람은 모두 경계할 줄 모르고 즐겨하니, 그것이 곧 과실이다.

생각이
달라진 까닭

종묘에 제사를 관장하는 관리가 의관을 정제하고 돼지우리에 와서 돼지에게 말했다. "너는 어찌 죽기를 싫어하느냐? 나는 석 달 동안 너를 길렀고, 열흘이나 몸을 삼갔고, 사흘이나 목욕재계했다. 지금은 하얀 띠를 깔아 신좌(神座)를 마련하여 너를 도마 위에 올려놓고 제물로 바치고자 하거늘, 너는 어쩔 셈인가?"

단순히 돼지의 수명만을 위하여 생각할 때, 차라리 돼지가 겨나 술찌꺼기를 먹으며 좁은 울안에 누워 꿀꿀거리는 것이 낫다고 생각할 것이다. 그러나 자신을 두고 생각할 때, 살아서 높은 지위를 향유하고, 죽어서 꽃 그림에 수놓은 영구차에 실려, 커다란 관 속에 누울 수 있다면, 죽음도 불사하려고 든다. 돼지를 위해 생각한다면 하얀 띠, 조각된 도마를 버려야 하고, 자신을 위해 생각한다면 꽃수레 영구차를 타고자 하니, 도대체 돼지를 위할 때와 생각이 달라진 까닭은 무엇인가?

귀신의 존재

제나라 환공이 진펄로 사냥을 가는데, 관중이 수레를 몰았다. 사냥을 하는 동안 환공이 귀신을 보자 관중의 손을 잡고 황급히 말했다.

"그대에게는 보이는 것이 없소?"

관중은 차근히 대답했다.

"신에게는 아무것도 보이지 않습니다."

환공은 집에 돌아오자 까무러친 채 병이 되어 며칠을 나가지 못했다. 마침 제나라의 황자고오라는 선비가 와서 이렇게 말했다.

"폐하께서는 스스로 병이 든 것입니다. 귀신 따위가 어찌 병들게 할 수 있단 말입니까? 무릇 사람이 분노하면 사악한 기운이 몰려 정신이 밖으로 흩어져 몸으로 돌아오지 않으면, 마음이 비게 됩니다. 또 사악한 기운이 위로 올라 내려가지 않고 머리를 침공하면, 머리가 답답하여 분노를 일으키기 쉽고, 이와 반대로 사악한 기운이 아래로 내려가

올라가지 않으면 정신이 흐리멍덩하여 잘 잊기 마련입니다.

마음이란 오장의 주인으로 그 자리를 지켜야 하거늘, 그 사악한 기운이 올라가지도 내려가지도 않으면서 몸의 중심을 막아 버리면 곧 병이 되는 법입니다."

환공이 물었다.

"그러면 도대체 귀신이 있는 것이오?"

"있습니다. 웅덩이 진흙 밭에는 이라는 귀신이, 부엌에는 결이라는 귀신이, 집안의 쓰레기 더미에는 뇌정이라는 귀신이 살고 있고, 집의 동북쪽 담 아래로는 배아해롱이라는 귀신이 뛰어다니고 있고, 서북쪽 담 아래로는 일양이라는 귀신이 살고 있습니다. 그리고 물에는 망상, 언덕에는 신, 산에는 기, 들에는 방황, 진펄에는 위사라는 귀신이 있습니다."

"그중에 위사라는 귀신의 생김새는 어떻소?"

"예, 위사의 크기로 말하며, 수레의 속바퀴만 하고, 길이는 멍에만 한데다가, 자줏빛 옷에다 붉은 갓을 쓰고 있습니다. 그놈의 성질이 수레소리를 듣기 싫어하는지라 수레만 보면 머리를 뻣뻣이 추켜들고 있습니다. 그런데 그 귀신을 본 사람은 패자(覇者)가 될 것입니다."

환공이 활짝 웃으면서 말했다.

"바로 내가 본 것과 같군!"

환공은 정색하며 의관을 바로 했다. 해가 저물기 전에 병이 나았건만, 그것도 모르고 앉아 있었다.

싸움닭의
자세

기성자가 제왕을 위해 싸움닭을 길렀는데, 열흘이 되자 왕이 물었다.

"닭이 싸울 만한가?"

"아직 안 됐습니다. 지금에야 비로소 뽐낼 줄을 알고 제 기운을 믿고 있습니다."

열흘이 지나자, 왕은 또 물었다.

"아직도 안 됐습니다. 남의 닭을 보면 그냥 상대방의 울림이나 그림자에 대해서도 덤벼들려 할 뿐입니다."

열흘이 지나자 왕이 또 물었다.

"아직도 멀었습니다. 적수의 닭을 만나면 다만 똑바로 노려보면서 혈기에 차 있을 뿐입니다."

열흘이 지나자 왕은 또 물었다.

"이제는 됨직 하옵니다. 적수의 닭의 소릴 들어도 기색을 변치 않고,

마치 적수를 나무로 만든 닭처럼 우두커니 바라볼 줄 아니, 자연의 덕을 갖춘 것입니다. 이만 하면 적수들이 감히 덤비지 못할 것입니다."

자연과
합치시키는 일

재경이란 명공이 나무를 깎아 거라는 악기를 만들자, 보는 사람마다 귀신이 만든 것이라고 의심할 정도였다. 노나라 제후도 그걸 보고 감탄한 나머지 물었다.

"너는 무슨 기술로 이렇게 만들었느냐?"

재경이 대답했다.

"신은 목수에 불과하거늘, 무슨 기술을 운운하십니까? 그러나 한 가지쯤은 있습니다. 신이 거를 만들 때 일찍이 정신을 소모해 본 적이 없었고, 그 대신 목욕재계하여 마음을 안정시켰습니다.

재계한 사흘이 되면, 감히 상이나 벼슬 따위의 욕심이 사라지고, 재계한 지 닷새가 되면, 감히 명예에 대한 비난이나 찬사, 일에 대한 성패 따위의 사념이 사라지고, 재계한 지 이레가 되면 자기가 지닌 육체마저도 망각하게 됩니다.

이때가 되면 공과 사나 조정에 대한 생각은 까맣게 잊히고 조각에만 전심할 뿐, 외부의 혼란스런 일들을 깨끗이 잊고 맙니다. 그런 뒤라야, 산으로 들어가 천성 좋게 잘 자란 나무들을 살피다가 나무 생김새가 정묘하여 악기를 만들기에 적당하다 생각되면 그때서야 가공을 착수합니다만, 그렇지 않을 때에는 그만둡니다.

이것은 나무라는 자연을 제 마음의 자연과 합치시키는 일입니다.

이 악기가 귀신의 힘을 빌려 만들어졌다고 말하는 것은 바로 자연에 순응했다는 말이 되겠습니다."

새는 깊은 숲에
깃들어야 한다

손휴라는 사람이 그의 스승인 편경자를 자주 찾아와 탄식했다.

"저는 제 고향에 사는 동안 행실이 나쁘다는 말도 듣지 않았고, 어려움에 당면했을 때 비겁하다는 말도 듣지 않았습니다. 그런데 농사를 지어도 풍년을 못 보고, 임금을 섬겨도 때를 만나지 못했습니다. 더구나 끝장에는 향리에서 버림을 받아 고향에서 쫓김을 당했으니, 무슨 죄를 하늘에 졌기로 이런 악착스런 운명으로 살아야 합니까?"

편경자가 대답했다.

"너는 지인(至人)들의 행실에 대해 들어 보지 않았느냐? 그들은 자기의 간이나 쓸개도 잊고, 자기의 귀도 눈도 내던지고, 무심한 채 세속 밖에 방종하고, 무위의 작용 속에 소요하고 있는 것이다. 이것을 '일을 할지언정 과시하지 않고, 만물을 생육할지언정 자기를 내세우지 않는다.'라고 한다.

지금 너는 네 지식을 자랑하여 남의 어리석음을 놀라게 하고, 자기 몸을 닦아 남의 더러움을 드러내면서, 마치 자기를 저 하늘의 일월처럼 빛내려 하고 있다.

너는 네 몸을 보전하면서 부족함이 없는 기능을 갖추었고, 또 거기다 귀머거리·소경·절름발이 같은 불구를 명하고 사람의 대열에 낄 수 있는 것은 다행한 일이거늘, 어떻다고 네 운명을 원망하고 있는 것이냐? 어서 돌아가라!"

손휴가 나가자, 편경자는 방에 들어가 한참 앉아 있더니, 하늘을 우러러 탄식하기에 그 제자가 물었다.

"선생님께서는 왜 탄식하십니까?"

"아까 손휴가 왔을 때, 내가 지인의 덕을 말해 주지 않았느냐?

그런데 그 녀석의 그릇이 작은지라 그 말을 듣고 행여 의혹이 더욱 커지지 않았을까 걱정이 된다."

"그렇지는 않겠지요. 만일 손휴의 말이 옳고 선생님의 말씀이 그르셨다면, 그런 말씀의 바른 말에 혹할 리 없고, 반대로 손휴의 말이 그르고 선생님의 말씀이 바르셨다면, 그가 본래 의혹된 마음으로 찾아온 것이니, 선생님께 무슨 죄가 있겠습니까?"

편경자는 다시 말을 했다.

"그렇지 않다. 옛날에 새 한 마리가 날아와 노나라 교외에 앉았다고 한다. 노나라 임금은 하도 기쁜 나머지 소·양·돼지를 잡아 향연을 베풀고, 거기다가 구소(九韶)의 음악을 연주해 주었다.

그런데 이 새는 슬픈 눈을 깜박거리면서 그것들을 먹으려 들지 않았다. 이것은 자기 식성으로 새를 기르려 했기 때문이다. 만일 새의 식성을 따라 새를 기르고 싶었거든, 마땅히 깊은 수풀에 깃들게 해야 하며, 넓은 강과 바다를 훨훨 날게 해야 하며, 먹이로는 물고기 등을 주었어야 옳았을 것이며 그랬다면 새도 훨씬 편안했을 것이다.

그런데 손휴는 조그만 구멍으로 세상을 보는, 견문이 적은 사람이다. 내가 그 사람에게 지인의 덕을 설명한 것은, 마치 자그마한 생쥐를 큰 수레에 태운 것과 같고, 또는 자그마한 참새에게 우렁찬 종의 소악(韶樂)을 들려 준 것이나 같다. 그가 어찌 놀라지 않겠는가?"

유용한 것과
무용한 것

장자가 어느 날 산속을 거닐다가 가지와 잎이 무성한 큰 나무를 보았다. 그런데 나무꾼은 그 옆에 선 채 나무를 베지 않고 있었다. 장자가 그 까닭을 물었더니 '쓸모가 없다.'는 대답이었다. 그러자 장자는 이렇게 말했다.

"이 나무는 재목으로서 쓸모가 없는 탓으로 타고난 수명을 누리고 있는 것이다."

장자는 그 산을 내려와 어느 친구 집에 묵게 됐다. 친구는 반가운 나머지 하인에게 거위를 잡으라고 명했다. 그런데 하인이 물었다.

"하나는 잘 울고 하나는 잘 울지 못하는데, 어느 것을 잡을까요?"

주인은 이렇게 대답했다.

"그러면 울 줄 모르는 놈을 잡아라!"

이튿날 장자의 제자가 물었다.

"어제 산중에서 본 큰 나무는 재목으로서 쓸모가 없는 탓으로 천부의 수명을 누렸다고 하셨는데, 오늘 죽게 된 거위는 잘 울지 못하는, 쓸모없는 탓으로 죽게 되었으니 선생님은 유용과 무용 중 어디에 몸을 두시려 합니까?"

장자가 웃으며 말했다.

"나는 유용과 무용 사이에 처신하려고 한다. 유용과 무용의 중간 지대에 처신한다는 것은 도에 가까운 듯하지만 참다운 도는 아니며, 따라서 세상의 번거로움을 벗어나지는 못한다.

그러나 저 무위의 덕을 지니고 세상을 노니는 사람은 그렇지 않다.

그는 명예도 비난도 듣는 일이 없고, 어느 때는 용처럼 몸을 드러내고, 어느 때는 뱀처럼 몸을 감추기도 하여 시대를 따라 변화하면서 어느 한 가지에 편중하는 일이 없다. 더러는 몸을 위로 펴고, 더러는 몸을 아래로 굽혀, 천지 중화(中和)의 도로 그 도량을 삼으며, 만물의 근원인 도에 노닐어 모든 지상의 물건을 물건으로써 부리되 물건에 지배되지 않으니, 어찌 세상의 괴로움에 얽매여 발버둥 치랴! 이는 바로 옛날의 성왕인 신농씨나 황제의 처세 방법이다.

그러나 만물의 이치나 인간들의 인습은 꼭 그렇지 않다. 만나면 헤어지고, 이루어지면 무너지고, 청렴하면 좌절당하고, 지위가 높으면 남의 질투를 받고, 무엇을 하려 들면 방해를 받고, 어질면 남의 모함을 받고 어리석으면 속기 마련이니, 어찌 세상의 괴로움을 벗어날 수 있으랴!

슬프다. 사랑하는 제자들은 명심하라! 세상의 괴로움에서 초탈하는 길은 오직 자연의 도에 돌아갈 따름이다!

저잣거리 남쪽의 의료라는 은사가 노나라 군주를 뵈었더니, 군주의 얼굴에 근심이 비쳤다. 이에 의료가 물었다.

"폐하께서는 수심에 차 보이는데 무슨 까닭입니까?"

임금이 대답했다.

"나는 일찍이 선왕의 도를 배웠고, 선군의 업적도 계승해 왔다.

또 나는 귀신을 존중했고, 현인들을 받들어 몸소 실천하면서, 그런 마음에서 잠시라도 떠난 적이 없었다. 그런데도 환난을 면할 길이 없는 터라 우울할 수밖에 없구나."

이 말을 듣고 의료가 말했다.

"폐하께서 근심을 제거하는 방법이 너무 천박합니다.

무릇 가죽과 털이 많은 이리나, 무늬가 화려한 표범이 깊은 산중에 깃들여 바위 굴에 숨어 사는 것은 고요한 성정을 지닌 탓이요, 밤에는 출행하고 낮이면 숨어 꼼짝하지 않는 것은 그 몸을 스스로 조심함이요, 비록 굶주리고 목마를지라도 인적이 끊긴 시간을 골라 멀리 강이나 호숫가에서 먹이를 구하는 것은 심신을 안정하기 위함입니다.

그러나 그들이 끝내 그물이나 덫에 걸리는 위험을 벗어날 수 없는 것은 도대체 무슨 죄가 있기 때문입니까? 그것은 그 가죽이 너무 아름다운 탓입니다.

이제 노나라는 폐하의 가죽이 아니겠습니까? 삼가 바라노니 폐하께서는 그 형체를 잊으시고, 또 나라를 내버리시고 마음을 씻어 욕심을 버리신 다음, 무위의 고향에 노니십시오!

저 남월의 어떤 고을이 있거늘, 건덕의 나라로 이름하는바 그곳 백성들은 한결같이 어리석고 소박하여 이기심이나 욕심이 적을 뿐더러,

다만 경작할 뿐 저장할 줄 모르며, 은혜를 베풀지언정 보답을 바라지 않으며, 어떻게 하면 의리에 맞는지, 그리고 어떻게 하면 예법에 맞는지를 모르고 있습니다. 마음에 내키는 대로 함부로 하건만 자연의 대도를 지킬 줄 압니다. 그러면서 그들은 살아서 생을 즐길 줄 알며, 죽어서는 기꺼이 땅에 묻힐 줄 압니다.

폐하께서도 나라와 세속을 내던지고 자연 무위의 도와 함께 저 자연의 고향을 찾아 길을 나서십시오!"

임금이 대답했다.

"거기로 가는 길은 멀고 험하리니, 길마다 산하가 첩첩할 테니, 배나 수레도 없는 내가 어떻게 가겠는가?"

의료는 다시 말했다.

"폐하께서 그 거만한 형체를 버리시고 또 물욕에 얽매이지 않는다면, 그것이 바로 폐하의 수레가 되어드릴 것입니다."

"그곳으로 가는 길은 아득히 멀고 인가도 없을 것이니, 누구와 더불어 짝을 지어야 하며, 양식도 없는 나에게 어떻게 가란 말이냐?"

"먼저 폐하의 비용과 욕심을 줄이십시오. 그러면 비록 양식이 없다 해도 족할 것입니다. 폐하 혼자서 강을 건너 바다에 나부낀다면, 사방을 둘러보아도 기슭이 보이지 않을 정도로 아득할 것이며, 갈수록 무한한 경지로 들어갈 것입니다. 따라서 폐하를 전송하던 사람은 기슭에서 되돌아설 것이며, 폐하께서는 세속에서 멀어질 것입니다.

그러기에 남을 이용하는 사람은 번거로움을 당하고, 남에게 이용을 당하는 사람은 근심을 면치 못합니다. 요임금과 같은 성왕은 남을 이용하지도, 남에게 이용을 당하지도 않으셨습니다.

바라옵건대, 폐하께서 임금의 번거로움을 버리시고 홀로 대무의 세계에 노니십시오.

설혹 배를 강에 띄우고 노를 젓는다고 할 때 빈 배가 띄워진 뱃전에 부딪친다면, 아무리 성미가 편협한 사람일지라도 그에 분노할 수 없습니다. 그러나 그쪽 배에 사람이 타고 있다면 반드시 뱃전을 비키라는 등 혹은 안쪽으로 끌고 가라는 등 소리치게 마련이며, 한 번 소리쳐 듣지 않으면 두 번 소리칠 것이고, 두 번 소리쳐도 듣지 않으면, 세 번 소리쳐서 끝내는 욕설이 터지기 마련입니다.

아까는 분노할 줄 모르다가 지금 분노하는 것은, 바로 아까는 배가 비어 있었고, 지금은 사람이 타고 있는 까닭입니다.

사람이 이처럼 자기 마음을 비게 하여 세상을 살아간다면, 누가 그 사람을 해칠 수 있겠습니까?"

곧게 솟은 나무는
먼저 목수에게 베인다

공자가 진나라와 채나라 국경에서 포위당하여 7일 동안 더운 음식을 먹지 못하고 곤경에 빠졌을 때이다.

그때 대부 태공임이 위문하러 왔다.

"선생님은 죽게 될 것 같습니다."

"그렇소."

"선생님은 죽는 것을 싫어하십니까?"

"그렇소."

"제가 시험 삼아 죽지 않는 도를 얘기해 보겠습니다.

동해에 의태라는 새가 있는데 그 새는 하도 느리게 날아서 무능할 정도로 보입니다. 날려면 다른 새들이 날개를 이끌어 주어야만 되고, 다른 새들이 사이에 끼어야만 나무에 깃들 수 있는 새였습니다. 앞으로 나서려 해도 감히 앞장을 못 서며, 물러설 때에는 감히 뒷다리를 지킬 줄 모르며, 무엇을 먹을 때도 감히 먼저 입을 대지 못하며 반드시 다른 새들이 먹다 남긴 찌꺼기를 먹는 새입니다.

그래서 같은 종류의 새들도 그를 배척하거나, 다른 새들도 그를 해칠 수 없어 결국은 모든 화를 면할 수 있게 됩니다.

곧게 솟은 나무는 먼저 목수에게 베이고, 다디단 샘물은 먼저 마르기 마련입니다.

선생님께서는 총명을 가장하여 세속의 우둔한 사람들을 놀라게 하고, 자기 몸을 닦아 남들의 더러움을 드러내면서, 마치 일월을 들추는 것처럼 밝고 빛나게 거닐고 있기에, 결국은 모든 재앙을 면치 못하고 있는 것입니다.

옛날에 제가 위대한 덕을 이룩한 사람에게서 이런 말을 들었다.

'스스로 과장하는 사람은 성공할 수 없고, 스스로 공적을 과신하는 사람은 실패하고, 스스로 명예를 표방하는 사람은 자멸한다.'

누가 과연 공명을 버리고 범인의 무리에 끼어들 수 있겠습니까?

그런 사람이야말로 대도가 천하를 덮어도 자기는 자기의 빛을 감추며, 덕이 세상을 덮어도 자기는 자기의 덕을 드러내지 않으면서, 오히려 순진 소박한 대로 아무런 꾸밈이 없이 마치 무지한 미치광이로 보일 것입니다. 자기가 행한 흔적을 없애고 소유한 모든 권세를 버려 일체의 공명을 위하여 급급하지 않습니다.

때문에 남을 책망하는 일도 없고, 남들도 그를 책망하지 않습니다.

지덕(至德)한 사람은 이처럼 명성을 구하지 않거늘 선생님께서는 하필 그 따위 명성을 그토록 좋아하십니까?"

공자는 '좋은 말이오!' 하고 대답할 뿐이었다.

이후 공자는 사귀던 친구와 제자를 작별하고, 강호에 숨어 베옷으로 갈아입고 도토리나 밤을 주워 먹으며 살았다.

짐승들의 무리에 뛰어들면 짐승들이 벗을 삼자고 하였고, 새 떼에 끼면 새들도 놀라 도망치지 않았다.

새와 짐승이 이토록 가깝게 여기거늘 하물며 사람들이야 어떠하겠는가?

자연을 따르면
수고롭지 않다

공자가 상호 선생에게 물었다.

"내가 두 번이나 노나라에서 추방당했고, 송나라에서는 하마터면 쓰러지는 나무에 치일 뻔했고, 위나라에서는 내 발자국까지 파내는 배척을 당했고, 상·채나라에서는 포위당해 죽을 뻔했습니다. 내가 여러 차례의 환란을 겪는 동안 친구들은 멀어지고, 제자조차 뿔뿔이 흩어지니 이것이 무슨 까닭입니까?"

상호 선생이 대답했다.

"선생은 가나라 사람이 도망치던 얘기를 듣지 못하셨습니까?

임회라는 사람이 천금의 구슬을 버린 채 갓난애를 업고 도망을 치는데 어떤 사람이 물었습니다.

'그 값을 따져 돈을 위한다면 갓난애가 구슬보다 못하지 않은가? 번거로움이 귀찮아서라면 갓난애가 구슬보다 훨씬 귀찮지 않은가? 그런

300

데 천금의 구슬을 버리고 갓난애를 업고 도망치는 까닭은 무엇인가?'

임회가 대답했습니다.

'나와 구슬은 다만 이익으로 연결되어 있지만, 나와 이 어린아이는 천명으로 연결된 것이다.'

무릇 이익으로 상관된 것은 핍박한 곤경에 처했을 때 그것을 버릴 수 있지만, 천명으로 연결된 것은 핍박한 곤경에 처할수록 오히려 포용하게 된다. 이렇듯 포용할 수 있는 것과, 버릴 수 있는 것 사이에는 경우에 따라 먼 간격을 빚고 만다.

따라서 군자들의 사귐은 물처럼 담담하지만, 소인들의 사귐은 감주와도 같이 달콤하다. 군자는 담담하기에 오래 사귈 수 있지만, 소인은 달콤하기에 쉽게 끊기고 만다. 결국 우연히 오다가다 만난 사귐은 우연히 오다가다 헤어지고 마는 법이다."라고 말입니다.

공자는 이 말을 듣고 가뿐한 마음으로 돌아갔다. 그리고 학문과 책을 내동댕이쳤다. 제자들은 비록 옛날처럼 읍양(揖讓)의 예를 갖추지는 않았지만, 사제 간의 사랑은 훨씬 두터워 갔다.

어느 날 상호가 공자에게 이런 말을 했다.

"순임금이 죽을 때, 우에게 이렇게 유교(遺敎)를 남겼습니다.

'명심하라! 육체의 동작이란 자연의 순응보다 못하고, 감정의 표시란 자연을 따르는 것만 못하다. 자연에 순응하면 사물의 원칙에서 벗어나지 않고, 자연을 따르면 정신이 피로하지 않다. 자연을 따라 피로하거나 수고롭지 않게 된다면 학문을 추구하여 자신을 꾸미려 하지 않게 된다. 학문을 추구하여 자신을 꾸미지 않게 되면 밖의 물건에 의지할 일이 없게 되는 것이다.'라고 말입니다."

제비만큼
총명한 새는 없다

공자가 진·채 국경에서 곤경을 당했을 때, 이레 동안이나 더운 음식을 먹지 못했으면서도 태연하게 왼손으로 마른 나무를 짚고, 오른손으로 마른 나뭇가지를 두들기면서 유염씨의 순풍가를 부르고 있었다. 박자를 맞추어 두들길 도구는 있었지만 리듬이 없었고, 노래할 목소리는 있었지만 멜로디가 없었다. 다만 두들기는 나뭇가지 소리와 사람의 목소리가 어울려서 맑고 깨끗한 느낌을 주면서 듣는 이의 마음을 상쾌하게 했다.

안회는 몹시 감동한 나머지 몸을 단정히 하고 눈을 돌려 쳐다보았다. 공자는 안회가 자신 멋대로 뜻을 넓혀 재난을 크게 생각하거나, 또 자신을 사랑한 나머지 슬픔에 빠질까 걱정했다.

"안회야! 하늘이 주는 고난을 당하기는 쉬워도, 인간이 주는 작록(爵祿, 벼슬과 녹봉)을 뿌리치기는 어렵다. 그리고 시작하는 모든 것은, 시작

이전의 종결이 된다. 인간의 윤리나 자연은 사실상 한 가지 원칙이거늘, 지금 노래를 부른 것은 그 누구였던가?"

안회가 물었다.

"하늘이 주는 고난을 당하기는 쉽다 함은 무슨 뜻입니까?"

"굶주림과 목마름과 추위와 더위와 궁색해져 뜻대로 되지 않는 것은, 천지가 순환하고 만물이 운동할 때 생겨나는 현상에 불과하다. 사람은 그 순환과 운동에 따라 함께 움직일 수밖에 없는 것이다.

신하가 된 사람이란 임금의 명령을 어길 수 없기 마련이다. 신하로서의 도가 이러하거늘, 하물며 하늘의 명령이랴! 어찌 감히 순응하지 않겠는가?"

"인간이 주는 작록을 뿌리치기에는 어렵다 함은 무슨 뜻입니까?"

"처음 관리에 임용되었을 때에는 모든 일이 순조로워 관작이나 봉록이 연달아 닥쳐 끊임없이 흥청거린다. 그러나 이것은 밖에서 주어진 이익이지, 결코 자기 내부에서 우러나온 것은 아니다. 따라서 내 운명은 외부의 사물에 의해서 지배되고 있는 것이다.

군자는 도둑질을 하지 않으며, 어진 사람이란 남 몰래 훔치는 일을 하지 않는다. 관작이나 봉록을 탐하는 것은 물건을 절도하는 것과 같거늘, 내가 그것을 탐낸다면 무엇이 되겠는가?

그러기에 속담에도, '제비만큼 총명한 새는 없다.'고 했다. 그놈의 새는 한 번 보아서 보금자리 치기가 적당치 못하면 두 번 다시 두리번거리지 않고, 입에 물고 있던 먹이가 땅에 떨어진다 해도 그만두고 어디론지 사라진다.

또 그놈의 제비는 이렇게 사람을 무서워하면서도 결국 인가에 보금자리를 치는 것은 그놈이 깃들 곳이 여기밖에 없다는 것을 알기 때문이다."

"시작하는 모든 것은, 시작 이전의 종결이 된다 함은 무슨 뜻입니까?"

"하늘은 만물을 무궁히 변화시키고 있지만, 도대체 누가 그 변화를 주관하는지 모른다. 그런데 어떻게 무엇이 종결이고, 무엇이 출발인지를 알 수 있으랴! 다만 자연의 변화에 순응할 수밖에 없는 것이다."

"인간의 윤리나 자연은 사실상 한 가지 원칙이라 함은 무슨 뜻입니까?"

"사람이 존재하는 것은 자연의 탓이요, 자연이 존재하는 것도 자연의 탓이다. 사람이 인공적으로 자연을 보유할 수 없는 것은 사람의 본성이다. 그러기에 성인은 다만 자연의 변화에 몸을 편안히 맡기고 살다가 끝나는 것이다."

사랑을
한 몸에 받으려면

양자가 송나라로 가는 도중 어느 여관에 들었다.

그 여관 주인은 두 사람의 첩을 거느리고 있었는데, 그중의 하나는 곱고, 하나는 박색이었다. 그런데 박색의 첩은 귀염을 받고, 예쁜 첩은 오히려 박대를 받고 있기에 양자가 그 까닭을 물었더니, 여관의 주인이 이렇게 대답했다.

'미인은 자기가 아름답다는 것을 자만하기에 나는 그녀의 아름다움을 모르며, 박색의 여인은 자기가 미운 것을 겸양하기에 나는 그녀의 추함을 느낄 수 없습니다.'

양자는 그 말에 감동한 나머지 제자들에게 말했다.

"제자들아! 잘 기억해 두어라. 어진 행실을 하면서 자기가 어질지 않다고 생각하면, 어디를 간들 남의 사랑을 한 몸에 받지 않겠느냐?"

천하의 대도적,
도척을 만난 공자

공자는 유하계와 오랜 친구지간이다. 이 유하계의 아우에 도척이라는 인물이 있었다.

도척은 일당 9천 명이나 되는 부하를 거느리고 천하를 제 것인 양 횡행하고 있었다. 위로는 제후를 위협하고 아래로는 민중을 습격하여, 소와 말을 훔치고 여자를 끌어갔다.

재물과 음식을 탐내는 나머지 친족은 말할 것도 없고 친형제조차도 염두에 없으니, 하물며 조상의 제사 따위는 더더욱 아랑곳이 없다.

도척이 온다는 소문을 듣기만 하여도 대국이든 소국이든 당황하여 성 안으로 도망쳐 들어가 수비 태세를 갖추는 형편이다. 그러니 백성의 고통은 이만저만이 아니었다.

그리하여 공자는 유하계를 찾아갔다.

"자식을 가진 몸이면 그 자식을 가르칠 의무가 있고 아우가 있으면 그 아우를 지도할 의무가 있소. 아버지가 아들에게 예의범절을 가르치고 형이 아우를 지도해야만 부자형제라 할 수 있는 것이 아니오? 그런데 당신은 세상에 알려진 현인이시거늘 저 무법자인 아우를 선도하지 못하고 있소. 그런 당신을 보고 있노라면 나는 딱하여 가만히 있을 수가 없소. 그러니 내가 가서 계씨를 설득하여 보고자 하는데 어떻겠소?"

유하계가 대답했다.

"정녕 부형된 자는 말씀대로의 의무가 있겠지요. 그러나 상대가 부모의 말에 귀를 기울이지 않고 형의 지도를 받아들이려 하지 않으니 당신의 웅변으로도 손을 쓸 수 없을 게요. 더구나 도척으로 말하면 용솟음쳐 나오는 샘과 같은 지략, 질풍과 같이 잽싼 행동력, 손쉽게 적을 물리치는 완력, 흑을 백이라는 말로 구워삶아 버리는 변설의 소유자입니다. 제 마음에 들면 좋은 기분이지만 그렇지 않으면 당장 화를 내며 아무렇지도 않게 남을 모욕하는 녀석이지요. 그만두시지요. 가셔도 헛걸음을 할 뿐이오."

그러자 공자는 충고를 듣지 않고 안회로 하여금 말을 끌게 하고, 자공을 동승시켜 출발하였다.

때마침 도척은 태산의 남쪽 기슭에서 졸개들을 쉬게 하면서 사람의 간을 회로 쳐서 먹고 있었다.

공자는 마차에서 내려 도척의 부하에게 말했다.

"나는 노나라의 공구라는 사람입니다. 장군의 높은 명성을 경모하여 뵈러 왔습니다. 아무쪼록 만나 뵙도록 주선하여 주십시오."

"뭐! 공구라고?"

부하의 전갈을 들은 도척은 금세 화를 냈다. 눈은 반짝반짝 빛나고 노기가 충천하였다.

"저 노나라의 거짓 군자 말인가? 만날 것도 없으니 네가 전해라.

'그대의 행위는 중죄에 해당된다. 해괴한 말을 구사하며 문왕과 무왕을 짊어지고 돌아다닌다던가? 화려하게 꾸민 갓과 쇠가죽 허리띠를 갖춘 내로라하는 복장을 하고 유해무익한 요설로 장난치고 일도 하지 않으면서 마시고 먹는다. 제멋대로의 규범으로 시비선악의 논지를 세워 여러 나라의 군주를 속이고 학자들을 못된 길로 끌어들인다. 효행 따위 쓸데없는 것을 부르짖어 남을 인도한다. 그것도 이것도 다 잘되면 자기가 왕후 귀족이 되려는 속셈에서이다. 그대만큼 세상에 해독을 끼치는 인간은 없을 것이다. 얼른 돌아가라! 그렇지 않으면 그대의 간이 내 밥상에 오를 뿐이다.'라고 말이야."

그래도 공자는 굽히지 않고 만나 뵙기를 청원하였다.

"나는 장군의 형님이신 계군의 소개를 받고 왔습니다. 이걸 봐서라도 하다못해 장군의 발아래에 부복하는 것만이라도 허락하여 주시기 바랍니다."

부관으로부터 이렇게 전갈을 받자 도척은 겨우 승낙하였다.

"좋다, 이리로 안내하라."

큰 이득일수록
잃어버리기 쉽다

공자는 종종걸음으로 도척의 앞으로 나아가 자리에 앉지도 않은 채, 우선 두세 걸음 물러서서 정중하게 인사하였다.

도척은 노기를 누그러뜨리는 기색도 없이 양다리를 떡 벌리고 버티고 앉아 칼자루에 손을 얹고 마치 젖먹이 새끼를 가진 호랑이처럼 눈을 부라리고 소리쳤다.

"공구인가? 거기 앉게나. 말하는 것이 마음에 들면 좋거니와 그렇지 않으면 목숨 따위는 없을 게야."

공자는 설득에 나섰다.

"대저 인간에게는 세 가지의 덕이 있다고 합니다.

당당한 체구와 비할 데 없는 미모의 소유주로서 노약 귀천의 구별 없이 누구한테나 호감을 갖게 하는 것이 상덕이요, 천지를 뒤덮을 만한 뛰어난 지혜와 온갖 일을 완수할 수 있는 능력을 갖추고 있는 것이

중덕이요, 용맹 과감하고 대중을 동원하여 군대를 통솔할 수 있는 것이 하덕이라 합니다.

이 가운데 한 가지만이라도 몸에 갖춘 인물이라면 마땅히 제후의 자격이 있습니다. 그런데 장군께서는 그 세 가지 덕을 모조리 몸에 지니고 계십니다. 8척이 넘는 체구, 수려한 용모, 연지를 흘린 듯한 입술, 치아는 조가비를 늘어놓은 듯이 가지런하며 음률이 맞는 목소리를 가지고 계십니다.

그럼에도 불구하고 장군의 이름을 도둑 척이라 합니다. 이는 장군에게 있어서 결코 좋은 일은 아니라고 사료됩니다. 장군께서 만약 제 의견에 귀를 기울여 주신다면 저는 남쪽으로는 오월에서부터 북쪽은 제노·동쪽은 송위·서쪽은 진초에 이르기까지 장군의 사자로서 돌아다니며 이들 나라를 움직이되, 장군을 위하여 사방 수백 리에 이르는 성을 쌓도록 하고 수십만 호의 나라를 세워 보이겠습니다. 그렇게 되면 장군께서는 제후로서 한 몸에 존경을 받으실 것입니다. 이렇게 하여 민심을 일신시키고 전쟁을 종식시키되, 형제와 더불어 살면서 선조를 제사 지내는 것입니다. 이야말로 성인의 행위이며, 또 백성들의 간절한 바람이기도 한 것입니다."

그러나 도척은 몹시 성을 냈다.

"에이, 닥치거라! 우민이라면 혹 몰라도 이 도척이 이익에 동요되어 감언에 농락되리라고 생각하는 것인가? 내가 당당한 미남으로 만인에 흠모되는 것은 양친으로부터 받은 것이다. 그대의 말을 들을 것까지도 없이 훨씬 이전부터 알고 있던 바이다. 그것만 알고 있는 것이 아니라 면전에서 알랑거리는 자는 반드시 뒷전에서 험담을 한다는 것도 알고 있다.

성벽과 대국을 주겠다는 것도 마음에 거슬리거니와 이익으로 나를 움직이고자 하는 것 같은데 그야말로 나를 우민으로 취급한 것이 아닌가.

대국은 고사하고 천하를 몽땅 얻는다 하더라도 그런 것은 영원히 보전되지 못하는 것이야. 요임금이나 순임금은 천하를 지배했지만 그들의 자손은 한 치의 땅도 없으며, 탕왕이나 무왕도 천자가 되었지만 그들의 자손은 모두 죽어 없어졌을 뿐이다. 큰 이득일수록 잃어버리기 쉬운 것이란 말이다."

도척이 말하는
공자의 감언이설

도척이 말을 이었다.

"태곳적에는, 땅 위에는 새나 짐승이 활보하였고 사람의 수효는 아주 적었다. 그래서 인간은 나무 위에 집을 만들어 짐승을 피하며 살았고, 낮에는 나무 열매를 줍고 밤에는 나무 위에서 잠을 잤지. 이 시대의 사람을 유소씨의 백성이라고 하는 것은 이 때문이다.

또 옛날에는 옷이라는 것을 모르고 여름 동안에는 장작을 저장하고 겨울에는 이것으로 난방을 해왔다. 그들을 지생(知生)의 백성이라고 하는 것은 이 때문이다. 신농씨의 시대에 이르러서는 밤에도 안심하고 잘 수 있었고, 낮에는 더욱이 아무 걱정거리도 없었다.

부부의 제도 같은 성가신 제도도 없었고 사슴과 더불어 평화스럽게 살았으며, 의식은 자급자족하였으므로 남을 먹을거리로 하는 인간은 없었다. 이것이 인간 본래의 삶의 방식이다.

그대가 섬기는 황제라는 사내는 부덕의 극치로, 치우와 탁록의 들판에서 싸워 눈에 들어오는 것 모두를 피바다로 만들었으며, 요순은 제위에 올라 상하의 신분제도를 만들어냈다.

탕왕은 자기의 군주를 추방하고 무왕은 주왕을 죽이고 왕위에 올랐다. 이때부터 강자는 힘으로 약자를 쓰러뜨리고 다수는 수의 힘을 빌려 소수를 억압하게 되었으며, 탕왕·무왕 시대 이후로는 누구라 할 것 없이 모두 인민을 먹이로 삼는 작자뿐이었다.

그런데 그대는 이따위 문왕, 무왕의 '도'를 배워 젊은이들을 가르치고 있으며, 잘난 체하는 복장과 남의 이목을 현혹시키는 언행으로 여러 나라의 왕후들을 속이고 있으니, 그것은 부귀를 손에 넣고자 하는 일념에서인 게다.

그런데 세상에서는 나를 큰 도둑이라고는 하여도 그대를 큰 도둑이라고는 하지 않으니, 이런 터무니없는 이야기가 있을 수 있는 것인가?

또한 그대는 감언이설로 농간을 부려 자로를 수하로 만들었다! 자로가 용자의 갓을 벗고 장검을 풀어 놓고 제자로 입문하도록 만든 것이야. 그 때문에 세간에서는 그대가 포악한 사람을 교화하였다고 극구 칭찬한 것이다. 그런데 당사자인 자로는 위나라의 군주를 죽이려다가 실패하여 위나라의 동문 밖에서 덧없이 죽어 그 시신은 비바람을 맞는 신세가 되지 않았는가?

그대의 그릇된 가르침 때문이었지. 그래도 그대는 성인을 자칭할 작정인가? 그건 또 좋다고 치자! 그 후로도 그대는 두 번씩이나 쫓겨났고 위나라에서 내버려지는 신세가 되었다. 제나라에서는 오도 가도 못하는 처지가 되고, 진나라와 채나라의 국경에서는 하마터면 죽을 뻔하고, 결국에는 천하에 몸 둘 곳도 없지 않은가? 자로는 그대의 가르침을 그냥 그대로 받아들인 까닭으로 죽임을 당한 것이 아니던가? 그대가 주창하는 도는 가깝게는 그대 자신의 소용도 닿지 않고 결국에는 남의 소용에도 닿지 않는데 그것이 무슨 값어치가 있다는 말인가?"

본성의 배반

도척은 계속해서 말을 이었다.

"세간에서는 황제가 제일 위대한 것으로 되어 있지만 그 황제라 할지라도 덕을 온전히 터득하고 있다고는 할 수 없다.

그는 탁록의 들에서 싸워 눈에 미치는 한, 모두 피바다로 만들지 않았던가. 요임금은 아들에게 왕위를 넘겨주지 않아 자애롭지 못하고, 순임금은 아버지의 뜻을 거역하다가 미움을 사게 되어 불효하였으며, 우왕은 반신불수가 되었고, 탕왕과 무왕은 주군을 죽인 자이며, 문왕은 유리에 유폐되었었지!

이 여섯 사람은 세간의 존경을 모으고 있지만 그러나 곰곰이 생각해 보면 모두 사리사욕에 눈이 어두워 스스로 그 본성에 배반한 것이야. 그들이 저지른 짓이야말로 부끄러워해야 할 일이지 아닌가?

백이와 숙제는 세간에서 현인이라 불리우고 있지만 이 두 사람은 고

죽국의 왕위를 사퇴하고 수양산에서 굶어 죽었고, 시신은 들판에 버려진 채 매장되지도 못했다.

포초는 속세에 등을 돌리고 있었으나 마지막에 이르러서는 나무를 부둥켜안고 죽게 되었지.

신도적은 임금에게 충고하였으나 받아들여지지 않자, 돌을 지고 물에 뛰어들어 물고기의 먹이가 되었고, 개자추는 성실한 사나이로서, 문공에게 자기의 넓적다리의 살을 베어 구워 먹이기까지 했지만 문공은 오래지 않아 자추를 버렸지 않은가? 화가 난 자추는 문공의 곁을 떠났고 결국 산 속에서 타 죽었어.

미생은 봉인과의 약속을 지켜 다리 밑에서 기다렸으나 여자는 좀처럼 나타나지 않고 그동안에 물은 불어나는데 계속 그대로 기다리다가 드디어 교각의 도리에 매달린 채 익사하고 말았지.

이 여섯 사람의 비참한 죽음은, 찢어 발겨진 개나 물에 떠내려가다가 익사한 돼지, 제 바가지를 들고 빌어먹으러 다니는 무리들과 다를 것이 뭐가 있나. 모두 명성에 사로잡혀 생명을 함부로 버렸을 뿐이네. 생명을 소중히 하는 일이 사물의 근본이라는 것에 생각이 미치지 못한 게야.

세간에서는 충신이라 하면 은나라 주왕의 숙부로 주왕을 충고하다가 간이 도려내진 비간과 오왕 부차를 간하다가 죽은 오자서를 따를 자가 없다고들 하지. 그런데 자서는 사후에 강물로 던져지고, 비간은 염통이 도려내져서 죽은 게야. 평판만은 충신이지만 실질은 웃음거리가 된 게지.

황제로부터 자서·비간에 이르기까지 본받을 만한 자는 한 명도 없

어. 그대가 만약 귀신에 대한 이야기를 들려주고자 한다면 내가 관여
할 바는 아니야. 그러나 인간 세상에 대하여 말하는 것이라면 지금껏
내가 말한 것 이상은 아닐 것이다. 그대가 무엇을 말하는 것인지 정도
는 이미 벌써부터 알고 있었다."

호랑이 수염을
뽑으려다

도척은 계속 말을 이었다.

"그러면 이번에는 내 쪽에서 인간의 자연스런 정에 대하여 가르쳐 주겠네. 누구라도 아름다운 것을 보고자 하매, 좋은 음악을 듣고 싶어 하고, 맛있는 것을 먹고 싶어 하며, 편안한 기분으로 지내고 싶어 하지.

인간의 수명은 길어야 백 살, 보통이면 여든 살, 짧으면 예순 살일 것이다. 더구나 그러는 동안에 병 또는 죽음, 자질구레한 걱정거리 없이 크게 입을 벌리고 진심으로 웃을 수 있는 날은 고작 4~5일 있을까 말까일 것이다.

우주는 영원하지만 인간의 목숨에는 한계가 있으며, 우리들은 이 유한한 목숨을 영원한 우주에 의탁하고 있는 것이다. 그것은 천리마가 문틈을 획 하고 지나가는 시간처럼 정말 일순간에 불과한 것이다.

318

그런데 이 일순간의 인생에 있어서 정신을 충족시키거나 삶을 다하지도 못하는 자가 도를 터득했다고 할 수는 없지 않은가? 그런 자의 주장에 귀를 기울일 생각은 털끝만큼도 없으니 날이 저물기 전에 돌아가는 게 좋을 게야.

두 번 다시 아는 체 입을 놀리지 말게나. 알겠는가? 그대가 주장하는 도는 원래 본성에 어긋나게 만들어낸 가짜인 것이다.

그런 것은 처음부터 문제가 되지 않는 것이란 말일세."

공자는 깊숙이 고개를 떨어뜨리고 물러났다.

밖으로 나와 마차에 오르기는 했으나 고삐를 세 번씩이나 떨어뜨리고 눈앞은 침침하여 통 보이지 않고 얼굴빛은 파랗게 질려 수레의 앞쪽에 가로댄 나무에 기댄 채 풀이 죽어 있었다.

공자가 가까스로 노나라의 동문에 당도하였을 때, 유하계와 우연히 만났다.

"아니, 요즈음 도무지 볼 수가 없더니 그 수레의 행색으로 미루어 보아 어딘가에 다녀오는 것 같은데, 혹시 척을 만나고 오는 것이 아니오?"

유하계가 말을 걸었다.

그러자 공자는 한숨을 내쉬며 대답했다.

"그대의 말대로요."

"어떠했는지요? 척 녀석, 혹시 선생께 대들지나 않든가요?"

"예, 나는 병이 나지도 않았는데 괜히 뜸질을 하여 뜨끔한 맛을 보았소이다. 무모하게도 호랑이를 길들여 그 수염을 뽑으려고 하였으니 호랑이의 이빨에 물리지 않은 것만도 다행이었다고나 해야지요."

인생에 한번쯤 교양으로 읽는
장자

초판 1쇄 인쇄 2022년 6월 16일
초판 1쇄 발행 2022년 6월 25일

지은이 | 장자
옮긴이 | 장개충
펴낸이 | 김의수
펴낸곳 | 레몬북스(제396-2011-000158호)
주 소 | 경기도 고양시 덕양구 삼원로73 한일윈스타 1406호
전 화 | 070-8886-8767
팩 스 | (031) 990-6890
이메일 | kus7777@hanmail.net

ISBN 979-11-91107-26-5 (03140)